Teste deine Allgemeinbildung

Teste deine Allgemeinbildung

Von Frank und Doris Brenner

Information & Wissen

humboldt-Taschenbuch 618

Die Autoren:
Die Diplom-Betriebswirte Doris und Frank Brenner sind Verfasser zahlreicher praktischer Ratgeber für Schule und Beruf.

Abkürzungsverzeichnis:

Abs.	Absatz	*l*	Liter
cm	Zentimeter	*m*	Meter
DM	Deutsche Mark	*MHz*	Megahertz
g	Gramm	*Mio.*	Millionen
GG	Grundgesetz	*Mrd.*	Milliarden
Jh.	Jahrhundert	*t*	Tonnen
kg	Kilogramm	*v. Chr.*	vor Christus
km	Kilometer		

Umwelthinweis: gedruckt auf chlorfrei gebleichtem Papier

Hinweis für den Leser:
Alle Angaben und Informationen wurden von den Autoren und vom Verlag sorgfältig recherchiert und überprüft. Dennoch kann eine Gewähr nicht übernommen werden.

Umschlaggestaltung: Wolf Brannasky, München
Umschlagfotos: Fotostudio Peter Bornemann, München
Die Zeichnungen auf Seite 30, 50, 54, 77, 87, 101, 112, 131, 132
wurden mit freundlicher Genehmigung entnommen aus:
Abb. S. 30: »Die Bundesrepublik Deutschland«, Bd. 726,
Humboldt-Taschenbuchverlag, München.
Abb. S. 50: Polyglott-Reiseführer »Zypern«, Bd. 803,
Polyglott-Verlag, München.
Abb. S. 54: Polyglott-Reiseführer »Brasilien«, Bd. 798.
Abb. S. 101, 112: »Ich sag' dir alles«,
C. Bertelsmann Verlag GmbH, München.
Abb. S. 131, 132: »Atlas zur Baukunst«, Bd. 2,
Deutscher Taschenbuch Verlag, München.
Alle anderen Schwarzweißabbildungen und Zeichnungen wurden von den Autoren geliefert.

6. aktualisierte Auflage 1998

Druck: Presse-Druck Augsburg
Printed in Germany
ISBN 3-581-66618-9

Inhalt

Testteil:

Jeweils 60 multiple-choice-Fragen mit den erläuterten Lösungen zu folgenden Themen:

Sich gezielt vorbereiten – der Schlüssel zum Erfolg

Ob Sie sich um einen Ausbildungsplatz, eine Erstanstellung nach abgeschlossener Berufsausbildung oder eine neue Stelle in einem anderen Unternehmen bewerben, Sie müssen immer damit rechnen, einem Test unterzogen zu werden. Es handelt sich bei diesen Tests zum einen um verschiedene Arten von Intelligenztests, mit denen Ihre Begabungsschwerpunkte ermittelt werden sollen. Die zweite große Testgruppe stellen die Wissenstests dar.

»Allgemeinbildung«, so hört man es bisweilen, »das hat man entweder, oder das hat man nicht«. Dies mag gelten, wenn es sich um Allgemeinbildung im klassischen Sinne handelt, also um ein großes, breit gefächertes Wissen auf den unterschiedlichsten Gebieten. Hier lassen sich Lücken nur sehr mühsam über Jahre hinweg in viel Kleinarbeit schließen. Die Situation ist anders, wenn man von den heute überall verwendeten Wissenstests spricht. Das Spektrum und die Anzahl der zur Anwendung kommenden Fragen, mit denen die Allgemeinbildung überprüft werden soll, sind begrenzt und damit trainierbar.

Sie auf diese Tests vorzubereiten ist das Anliegen dieses Buches. Mit Übung lassen sich die Testergebnisse wesentlich verbessern. Der größte Trainingseffekt zeigt sich übrigens zwischen dem ersten und zweiten Lösen der Testreihen.

Sicher werden Sie bei der einen oder anderen Frage sagen: »Das hätte ich aber wissen müssen!« Ergänzen Sie in diesen Bereichen Ihr Wissen. Deshalb ist das Buch auch für all diejenigen geeignet, die bereits Gelerntes wieder auffrischen und Neues dazulernen möchten. Denn Allgemeinbildung ist nicht nur beim Test, sondern auch im täglichen Leben – sei es in Schule, Beruf oder unter Freunden – eine wichtige Voraussetzung, um als kompetenter Gesprächspartner akzeptiert zu werden.

ZUM AUFBAU DES BUCHES

Das Buch enthält 420 Fragen, wie sie im allgemeinen in Testverfahren vorkommen; auf diese Fragen können Sie sich durch gezieltes Training vorbereiten.

Die Fragen verteilen sich auf die folgenden Wissensgebiete:

❶ Staat – Geschichte – Politik

❷ Geographie – Reisen

❸ Technik – Wissenschaft

❹ Natur – Biologie – Chemie – Medizin

❺ Kultur – Kunst – Literatur – Musik

❻ Wirtschaft

❼ Sport

Zu jeder Frage werden Ihnen *vier Antwortmöglichkeiten* angeboten, von denen jeweils *nur eine richtig* ist. Diese richtige Antwort sollen Sie herausfinden und ankreuzen.

Solche Fragen mit Antwortalternativen nennt man »multiple-choice«-Fragen. Sie werden in Tests vorwiegend verwendet, da sie für den Testleiter die Auswertung vereinfachen. Mittels einer Schablone kann in kurzer Zeit festgestellt werden, ob die richtige Antwort angekreuzt wurde. Der Testleiter muß nicht alle Antworten lesen, um dann zu entscheiden, welche Antwort noch als richtig und welche als falsch zu bewerten ist. Es entfällt damit auch die Möglichkeit der *fast* richtigen Antwort. Entweder die richtige Lösung wurde erkannt und angekreuzt, oder die Antwort ist falsch.

Das »multiple-choice«-Antwortsystem macht die Auswertung der Tests überdies personenunabhängig. Das bedeutet, verschiedene Testleiter kommen bei der Auswertung ein und desselben Tests immer zu dem gleichen Ergebnis. Dies wäre nicht der Fall, wenn Auslegungsspielräume bestünden.

Damit Sie mit dem Ihnen vorliegenden Buch einen möglichst großen Übungseffekt erzielen, haben auch wir alle Fragen mit »multiple-choice«*-Antworten versehen.

Um Ihre Antworten überprüfen zu können, müssen Sie lediglich die Frageseite umblättern. Auf der folgenden Seite finden sie dann die Antworten zu den Fragen. Dies hat den Vorteil, daß Sie nach den Lösungen nicht lange im Buch blättern müssen, andererseits, daß Ihnen die Antwort nicht schon beim Lesen der Frage ins Auge stechen kann. Bei den Lösungen finden Sie nicht nur den richtigen Antwortbuchstaben, sondern auch eine Erklärung, warum diese Antwortalternative richtig ist und warum andere Antwortalternativen nicht stimmen.

Dazu ein kurzes Beispiel:

Wer wählt den Bundeskanzler?

a) *Bundesversammlung*   **b)** *Bundesrat*
c) *Bundestag*   **d)** *Bundespräsident*

Lösung: c)
Die Abgeordneten des Bundestages wählen den Bundeskanzler. Im Gegensatz dazu wird der Bundespräsident von der Bundesversammlung, bestehend aus Mitgliedern des Bundestages und Ländervertretern gewählt. Der Bundespräsident ernennt den vom Bundestag gewählten Kanzler.

Sollten Sie zu den Fragen und Antworten dieses Buches Rückfragen haben, oder haben Sie bei Ihrem Test Prüfungsfragen erlebt, die Sie uns gerne mitteilen möchten, so freuen wir uns auf Ihre Zuschrift.
Schreiben Sie an: Doris und Frank Brenner
                   c/o Humboldt-Taschenbuchverlag
                   Postfach 401120
                   80807 München

---

* Weitere »multiple-choice«-Testfragen finden Sie in ht 1080 »Eignungstests erfolgreich bestehen«, ht 1079 »Sich bewerben und vorstellen« sowie in ht 933 »Das große Testbuch der Allgemeinbildung«, alle erschienen im Humboldt-Taschenbuchverlag, München.

Testteil:

Jeweils 60 multiple-choice-Fragen mit den erläuterten Lösungen zu folgenden Themen:

I. STAAT – GESCHICHTE – POLITIK

❶ Was versteht man unter Indemnität?

☐ a) Ein Parlamentarier ist während seiner aktiven Zeit als Abgeordneter vor Strafverfolgung geschützt. Dies bezieht sich nur auf Straftaten, die nicht in Zusammenhang mit der Ausübung seines Amtes begangen wurden.

☐ b) Ein Abgeordneter ist in bezug auf seine Äußerungen im Parlament oder Abstimmungen vor Strafverfolgung geschützt. Dies gilt nicht bei verleumderischer Beleidigung.

☐ c) Ein Abgeordneter kann von seiner Fraktion nicht dazu gezwungen werden, sich bei einer Abstimmung im Parlament parteikonform zu verhalten.

☐ d) Ein Abgeordneter enthält sich bei einer Abstimmung der Stimme.

❷ Wie viele Jahre beträgt die Amtszeit des Bundeskanzlers während eines regulären Turnus?

☐ a) 4 Jahre.   ☐ b) 6 Jahre.   ☐ c) 5 Jahre.   ☐ d) 3 Jahre.

❸ Was versteht man unter Überhangmandat?

☐ a) Aufgrund sich ändernder Bevölkerungsdichte erhalten die Wahlkreise von Wahl zu Wahl unterschiedlich viele Mandate zugeteilt. Bei starker Zunahme kann es zu einem Überhangmandat kommen; dies ist dann ein zusätzliches, eigentlich nicht vorgesehenes Mandat.

☐ b) Ein Abgeordneter wechselt während einer Legislaturperiode die Fraktion. Die Fraktion, zu der der Abgeordnete gewechselt ist, erhält ein Überhangmandat.

☐ c) Eine Partei erhält durch die Erststimme mehr Direktmandate, als ihr nach dem prozentualen Anteil ihrer Zweitstimmen zustehen würden.

☐ d) Eine Partei erhält durch die Zweitstimmen mehr Mandate, als ihr aufgrund der Erststimmen zustehen würden.

① **Lösung b)**

Unter *Indemnität* versteht man die Straflosigkeit eines Parlamentariers für alle Amtshandlungen im Parlament. Nicht straflos ausgehen wird der Parlamentarier allerdings bei verleumderischer Beleidigung.

Die allgemeine Befreiung von Strafe und Strafverfolgung für Parlamentarier nennt man *Immunität*. Lösungsalternative c) bezieht sich auf das vom Grundgesetz vorgeschriebene Verbot des Fraktionszwanges (Art. 38 GG).

② **Lösung a)**

Die Amtszeit des Bundeskanzlers beträgt im Normalfall 4 Jahre. Alle Abgeordneten des Bundestages werden ebenfalls für 4 Jahre gewählt. Eine vorzeitige Auflösung des Bundestages ist nur zulässig, wenn entweder im ersten oder zweiten Wahlgang kein Bundeskanzler gewählt wird oder wenn bei einer Vertrauensfrage das Parlament dem Kanzler die Mehrheit der Stimmen verweigert. Dies war zum Beispiel *1972* geschehen, als Kanzler Brandt die Vertrauensfrage gestellt hatte.

③ **Lösung c)**

Die Anzahl der Abgeordneten einer Partei im Parlament hängt von den Zweitstimmen ab. Die Erststimmen geben Ausschlag, wie die personelle Zusammensetzung des Bundestages aussieht. Sollte eine Partei durch die Erststimmen mehr Direktmandate erhalten, als ihr nach der prozentualen Verteilung laut Zweitstimme zustehen würden, so nimmt man dem erfolgreichen Kandidaten im Wahlkreis nicht das Mandat, sondern erhöht damit die Anzahl der Abgeordneten im Parlament.

4 Wie heißen die Drei Gewalten in der Bundesrepublik Deutschland?

☐ a) Gesetzgebung, vollziehende Gewalt, Rechtsprechung.

☐ b) Parlament, Gericht, Polizei.

☐ c) Bundeswehr, Bundesgrenzschutz, Polizei.

☐ d) Verfassung, Parlament, Gericht.

5 Wann war der Bau der Berliner Mauer?

☐ a) 13. August 1959.

☐ b) 13. August 1961.

☐ c) 13. August 1960.

☐ d) 13. Juni 1960.

6 Wer schlägt dem Bundespräsidenten die Bundesminister vor?

☐ a) Bundestag.

☐ b) Bundesrat.

☐ c) Bundesregierung.

☐ d) Bundeskanzler.

7 Wo ist der Sitz des Bundesverfassungsgerichts?

☐ a) Berlin.

☐ b) Karlsruhe.

☐ c) Bonn.

☐ d) Kassel.

④ **Lösung a)**

In der Bundesrepublik sind die drei Hauptaufgaben der Staatsgewalt an drei voneinander unabhängige Organe vergeben worden. Die Organe (Parlament, Regierung, Gerichte) sollen sich gegenseitig kontrollieren. Die Aufgaben heißen: Gesetzgebung, vollziehende Gewalt, Rechtsprechung.

⑤ **Lösung b)**

Die Berliner Mauer wurde am 13. 8. 1961 gebaut. Sie trennte die drei Westsektoren der Stadt (amerikanischen, französischen, englischen) von dem sowjetischen Sektor. Offiziell begründet wurde der Bau von der damaligen DDR mit der Verhinderung eines militärischen Überfalls. Nachdem sich im November 1989 die politische Situation im Ostteil Deutschlands grundlegend verändert hatte, fiel die Mauer, und das Brandenburger Tor wurde am 22. 12. 1989 wieder für jedermann zugänglich gemacht.

*Brandenburger Tor
in Berlin*

⑥ **Lösung d)**

Der Bundeskanzler schlägt dem Bundespräsidenten die Bundesminister vor, die vom Bundespräsidenten ernannt und entlassen werden. Ihre Amtszeit beginnt mit der Aushändigung der Ernennungsurkunde oder durch Eidesleistung vor dem Bundestag, falls diese vorher geschieht.

⑦ **Lösung b)**

Der Sitz des Bundesverfassungsgerichts ist in Karlsruhe. Auch der Bundesgerichtshof, das oberste Gericht der Zivil- und Strafgerichtsbarkeit, ist in *Karlsruhe*. Der fünfte Strafsenat des Bundesgerichtshofs ist jedoch in *Berlin*, ebenso der Sitz des Bundesverwaltungsgerichts. Der Sitz des obersten Gerichts in Arbeitssachen, des Bundesarbeitsgerichts sowie des Bundessozialgerichts ist in *Kassel*.

8 Wie hieß der erste Präsident der Bundesrepublik Deutschland?

☐ **a)** Theodor Heuss.   ☐ **b)** Friedrich Ebert.

☐ **c)** Konrad Adenauer.   ☐ **d)** Heinrich Lübke.

9 Nachdem der Bundestag ein Gesetz verabschiedet hat, muß das Gesetz vor Inkrafttreten von jemandem ausgefertigt werden. Wer ist diese Person?

☐ **a)** Bundespräsident.   ☐ **b)** Bundestagspräsident.

☐ **c)** Bundeskanzler.   ☐ **d)** Bundesminister, in dessen Ressort das Gesetz fällt.

10 Was versteht man unter Koalition?

☐ **a)** Vereinigung von Abgeordneten des Parlaments.

☐ **b)** Gegengewicht zur Regierung. Abgeordnete, die nicht die Regierung bilden und tragen, nennt man Koalition.

☐ **c)** Eingaben an das Parlament, bei denen es sich um Bitten oder Beschwerden der Bürger handelt.

☐ **d)** Mehrere selbständige Parteien haben sich zu einer gemeinsamen Regierungsbildung entschlossen.

11 Was für eine Staatsform hat die Bundesrepublik laut Grundgesetz Artikel 20?

☐ **a)** Sozialistische Präsidialrepublik.

☐ **b)** Demokratischer und sozialer Bundesstaat.

☐ **c)** Parlamentarisch demokratische Monarchie.

☐ **d)** Demokratisch parlamentarischer Einheitsstaat.

12 Wann wurde die Bundesrepublik Deutschland gegründet?

☐ **a)** 1945.   ☐ **b)** 1955.   ☐ **c)** 1951.   ☐ **d)** 1949.

⑧ **Lösung a)**

Theodor Heuss (FDP) wurde 1949 (wiedergewählt 1954) zum ersten Bundespräsidenten der Bundesrepublik Deutschland gewählt. Ihm folgte 1959 *Heinrich Lübke* (CDU). Er wurde 1964 wiedergewählt. *Friedrich Ebert* (SPD) war von 1919 bis 1925 Reichspräsident der Weimarer Republik. *Konrad Adenauer* (CDU) war von 1949 bis 1963 Bundeskanzler.

⑨ **Lösung a)**

Nach der Verabschiedung von Gesetzen durch den Bundestag werden die Gesetze von Kanzler und Ministern gegengezeichnet, vom Bundespräsidenten ausgefertigt und im Bundesgesetzblatt verkündet.

⑩ **Lösung d)**

Bei einer Regierungskoalition haben sich mehrere selbständige Parteien zur gemeinsamen Bildung einer Regierung entschlossen. So gab es von 1961 bis 1966 immer eine CDU/CSU/FDP-Koalition.
Von 1966 bis 1969 die große Koalition aus SPD und CDU.
Von 1969 bis 1982 eine SPD/FDP-Koalition und seit 1982 eine CDU/CSU/FDP-Koalition unter Bundeskanzler Kohl.

⑪ **Lösung b)**

Artikel 20 des Grundgesetzes ist eine Kurzform der Verfassung. Abs. 1 legt fest, daß die Bundesrepublik Deutschland ein demokratischer und sozialer Bundesstaat ist.
Eine *sozialistische Präsidialrepublik* ist beispielsweise der Irak mit Saddam Hussein als Staatsoberhaupt.
Großbritannien ist eine *parlamentarisch demokratische Monarchie* mit Königin Elisabeth als Staatsoberhaupt.

⑫ **Lösung d)**

Die Bundesrepublik Deutschland wurde am 23. 5. 1949 gegründet. Mit Ende des Zweiten Weltkrieges 1945 und dem Ende des »Dritten Reiches« ging die Regierungsgewalt auf die Alliierten über. 1955 erhielt die Bundesrepublik die Stellung eines souveränen Staates.

❸ Wie hieß der erste deutsche Bundeskanzler?

☐ **a)** Friedrich Ebert.

☐ **b)** Konrad Adenauer.

☐ **c)** Heinrich Lübke.

☐ **d)** Theodor Heuss.

❹ Was versteht man unter Fraktion?

☐ **a)** Einen komplizierten Knochenbruch.

☐ **b)** Verschiedene politische Parteien, die sich zusammengeschlossen haben, um mit einer gemeinsamen Stimmenmehrheit eine Regierung zu bilden.

☐ **c)** Eine Vereinigung von Abgeordneten des Parlaments.

☐ **d)** Eine Splittergruppe von Abgeordneten, die sich von der herrschenden Parteimeinung getrennt hat.

❺ Welche Partei hat Gustav Stresemann gegründet?

☐ **a)** Kommunistische Partei Deutschlands.

☐ **b)** Deutsche Volkspartei.

☐ **c)** Zentrum.

☐ **d)** Sozialdemokratische Partei Deutschlands.

❻ Von wem wird der Bundespräsident gewählt?

☐ **a)** Bundestag.

☐ **b)** Bundesrat.

☐ **c)** Bundesversammlung.

☐ **d)** Bundesregierung.

⑬ **Lösung b)**

Der erste Bundeskanzler der Bundesrepublik war Konrad Adenauer (CDU). Er förderte maßgeblich die Integration der Bundesrepublik in das westliche Bündnis.

Friedrich Ebert war von 1919 bis 1925 der erste Reichspräsident der Weimarer Republik.

Theodor Heuss war der erste Bundespräsident der BRD, sein Nachfolger war ab 1959 *Heinrich Lübke.*

⑭ **Lösung c)**

Unter einer Fraktion versteht man den Zusammenschluß politisch gleichgesinnter Mitglieder einer Volksvertretung (Parlament). So bilden zum Beispiel die Abgeordneten der SPD im Bundestag die SPD-Fraktion.

Schließen sich mehrere Parteien zusammen, um eine Regierung zu bilden, so spricht man von *Koalition.*

Ein komplizierter Knochenbruch wird mit dem sehr ähnlich klingenden Namen *Fraktur* bezeichnet.

⑮ **Lösung b)**

Gustav Stresemann gründete 1918 die Deutsche Volkspartei, deren Vorsitzender er von 1918 bis 1929 war.

Im gleichen Jahr wurde die Kommunistische Partei Deutschlands gegründet, deren Parteiprogramm von *Rosa Luxemburg* entworfen wurde.

Das Zentrum war eine 1870 gegründete Partei des politischen Katholizismus, die mit *Graf Hertling* von 1917 bis 1918 den Reichskanzler stellte.

Die Sozialdemokratische Partei (SPD) entwickelte sich aus der Sozialdemokratischen Arbeiterpartei (SDAP), die von *W. Liebknecht* und *A. Bebel* 1869 ins Leben gerufen wurde.

⑯ **Lösung c)**

Der Bundespräsident wird von der Bundesversammlung gewählt. Diese setzt sich aus Vertretern des Bundestages und einer gleichen Anzahl von Mitgliedern, die von den Länderparlamenten entsandt werden, zusammen.

Der *Bundesrat* ist eine reine Ländervertretung, durch die die Länder bei der Gesetzgebung und Verwaltung des Bundes mitwirken.

17 Wo ist der Sitz des Bundeshauses?

☐ a) Frankfurt.

☐ b) Berlin.

☐ c) München.

☐ d) Bonn.

18 Welche Aufgaben hat der Bundesrat?

☐ a) Er berät den Bundestag bei der Gesetzgebung.

☐ b) Die Vertretung der Länder ist nur mit der Verwaltung und Organisation von Ländersachen beauftragt.

☐ c) Eine Auswahl von Ländervertretern vertritt im Bundesrat die Länderinteressen und wirkt somit an der Gesetzgebung mit.

☐ d) Die Anwendung von Bundesgesetzen auf Länderebene.

19 Ab wann ist man in der Bundesrepublik Deutschland wahlberechtigt?

☐ a) Vom vollendeten 21. Lebensjahr an.

☐ b) Vom vollendeten 18. Lebensjahr an.

☐ c) Vom vollendeten 23. Lebensjahr an.

☐ d) Vom vollendeten 16. Lebensjahr an.

20 Wann trat die DDR offiziell der Bundesrepublik bei?

☐ a) 9. November 1989.

☐ b) 13. August 1989.

☐ c) 3. Oktober 1990.

☐ d) 2. Dezember 1991.

21 Welcher Philosoph war ein Schüler von Sokrates?

☐ a) Aristoteles. ☐ b) Plato. ☐ c) Pythagoras. ☐ d) Diogenes.

⑰ **Lösung d)**

Unter dem Begriff »Bundeshaus« versteht man den Sitz von Bundestag und Bundesrat, die beide in Bonn sind.

⑱ **Lösung c)**

Die Hauptaufgabe des Bundesrates ist die Mitwirkung an der Gesetzgebung. Der Bundesrat, der sich aus Vertretern der Bundesländer zusammensetzt, kann selbst Gesetzesvorschlä-ge einbringen, die dann durch die Bundesregierung an den Bundestag gerichtet werden. Gesetzesvorlagen der Bundesre-gierung müssen zunächst dem Bundesrat zur Stellungnahme vorgelegt werden.

⑲ **Lösung b)**

Aktiv wahlberechtigt ist man in der Bundesrepublik ab dem vollendeten 18. Lebensjahr.

⑳ **Lösung c)**

Mit dem Beitritt der DDR zur Bundesrepublik Deutschland am 3. Oktober 1990 wurde die DDR als selbständiger Staat aufgelöst. Der 3. Oktober ist seitdem Staatsfeiertag.

㉑ **Lösung b)**

Die Lehren von Sokrates wurden von seinem Schüler Plato (427 v. Chr. – 347 v. Chr.) weitergeführt.
Aristoteles (384 v. Chr. – 322 v. Chr.) war wiederum ein Schüler von Plato, an dessen Schule Aristoteles fast 20 Jahre lebte.
Der Philosoph und Mathematiker *Pythagoras*, bekannt durch seinen Lehrsatz $a^2 + b^2 = c^2$ für die Berechnung von Flächeninhalten beim rechtwinkligen Dreieck, lebte vor Plato und Aristoteles (571 v. Chr. – 496 v. Chr.).

㉒ Was versteht man unter den »Römischen Verträgen«?

☐ **a)** Unterzeichnung der Kapitulation der deutschen Truppen in Italien am 28. April 1945.

☐ **b)** Entlassung Mussolinis und Übernahme des Oberbefehls durch König Victor Emanuel im Juli 1943.

☐ **c)** Der Stiefsohn Cäsars, Oktavian, schließt 43 v. Chr. mit Lepidus und Antonius das zweite Triumvirat.

☐ **d)** 1957 wurden in Rom die Verträge zur Begründung der Europäischen Wirtschaftsgemeinschaft (EWG) und der Europäischen Atomgemeinschaft (EURATOM) unterzeichnet. Diese Verträge, die von Frankreich, Italien, Luxemburg, Belgien, von den Niederlanden und von der Bundesrepublik unterschrieben wurden, nennt man die Römischen Verträge.

㉓ Wo wurde Karl Marx geboren?

☐ **a)** Augsburg.   ☐ **b)** London.   ☐ **c)** Trier.   ☐ **d)** Chemnitz.

㉔ War Alexander der Große

☐ **a)** Grieche?   ☐ **b)** Römer?   ☐ **c)** Germane? ☐ **d)** Gote?

㉕ Wann war die Berliner Luftbrücke?

☐ **a)** 1948/49.   ☐ **b)** 1960.   ☐ **c)** 1940.   ☐ **d)** 1961.

㉖ In welcher Konferenz haben die Alliierten die Aufteilung Deutschlands in Besatzungszonen beschlossen?

☐ **a)** Konferenz von Teheran.

☐ **b)** Konferenz von Casablanca.

☐ **c)** Konferenz von Jalta.

☐ **d)** Konferenz von Dumbarton Oaks.

㉒ **Lösung d)**

Die Römischen Verträge wurden 1957 als Beginn der europäischen Einigung in Wirtschaftsfragen unterzeichnet, mit dem Ziel der Errichtung eines »gemeinsamen Marktes«.

㉓ **Lösung c)**

Karl Marx (5. 5. 1818–14. 3. 1883) wurde in Trier geboren und verstarb in London. Karl Marx zu Ehren benannte die DDR die Stadt *Chemnitz* 1953 in Karl-Marx-Stadt um (heute wieder Chemnitz).

㉔ **Lösung a)**

Alexander der Große (356–323 v. Chr.) war griechischer König. Sein Reich umfaßte die heutigen Staaten Griechenland, Türkei, Ägypten, Syrien, Israel, Irak, Iran, Afghanistan und Pakistan.

㉕ **Lösung a)**

Die Berliner Luftbrücke versorgte die Westsektoren Berlins während der Blockade vom 24. 6. 1948 bis 12. 5. 1949. Durch die Sperrung aller Land- und Wasserwege zu den westlichen Besatzungszonen wollte die sowjetische Besatzungsmacht ganz Berlin unter ihre Kontrolle bringen.

㉖ **Lösung c)**

Churchill, Roosevelt und Stalin haben auf der vom 4. 2. bis 11. 2. 1945 in Jalta stattfindenden Konferenz die Aufteilung Deutschlands in Besatzungszonen beschlossen. Generell wurde über die Nachkriegspolitik gegenüber Deutschland gesprochen, so beispielsweise über die Entnazifizierung, die Demontage der Fabriken und die Reparationsleistungen.

Auf der *Konferenz von Dumbarton Oaks* wandte sich 1944 Roosevelt von der Idee des Morgenthau-Plans (der vorsah, daß Deutschland ein zerstückelter Agrarstaat werden sollte) ab und zog seine bereits geleistete Unterschrift zurück.

1943 trafen sich Roosevelt, Churchill und Stalin in *Teheran*, um über die polnischen Grenzen und die Invasion in Nordfrankreich zu beraten.

Die *Konferenz von Casablanca* 1943 war ein Treffen von Churchill und Roosevelt. Hier ging es um die Forderung der »bedingungslosen Kapitulation« Deutschlands.

27 Wer waren die Medici?

☐ a) Schwäbisches Geschlecht, das seit 1367 in Augsburg ansässig ist; Gründer eines damals weltweit operierenden Handelshauses.

☐ b) Amerikanische Unternehmerfamilie, die als reichste Familie ihrer Zeit galt.

☐ c) Einflußreiches Familiengeschlecht aus Florenz.

☐ d) Katholischer Mönchsorden.

28 Wann war die russische Oktoberrevolution?

☐ a) 1919.   ☐ b) 1920.   ☐ c) 1917.   ☐ d) 1918.

29 Dieses Zeichen ist Symbol:

☐ a) Der Nato.

☐ b) Des Europarates.

☐ c) Der Vereinten Nationen.

☐ d) Des Internationalen Olympischen Komitees.

30 Die Schöffen

☐ a) müssen juristisch vorgebildet sein, um am Gericht als Beisitzer tätig werden zu können;

☐ b) stimmen mit gleichem Stimmrecht wie die Berufsrichter ab;

☐ c) sind Bürger, die vom Bürgermeister der Wohngemeinde vorgeschlagen werden;

☐ d) sind ehemalige Richter im Ruhestand, die als Berater tätig sind.

31 Wann war die Regierungszeit Maria Theresias?

☐ a) 1740–1786.   ☐ b) 1740–1780.

☐ c) 1643–1715.   ☐ d) 1689–1694.

㉗ **Lösung c)**

Die Medici waren zwischen dem 15. und 18. Jh. ein sowohl wirtschaftlich als auch politisch einflußreiches Geschlecht aus Florenz. Dem Geschlecht entstammen auch zahlreiche Päpste.

Aus Augsburg stammt die einflußreiche Familie der *Fugger*.

Die Unternehmungen und Spekulationen des Amerikaners *Cornelius Vanderbilt* (1794–1877) machten ihn zum reichsten Mann seiner Zeit.

㉘ **Lösung c)**

Die russische Oktoberrevolution, die die Flucht des Ministerpräsidenten Kerenski und die Verhaftung der Mitglieder der provisorischen Regierung mit sich brachte, fand 1917 in Petrograd, dem heutigen Leningrad, statt.

㉙ **Lösung c)**

Das abgebildete Symbol ist das Zeichen der Vereinten Nationen.

Die *Nato* hat folgendes Zeichen auf blauem Grund:

Das Symbol des *Internationalen Olympischen Komitees* sind die fünf ineinander verschlungenen olympischen Ringe in Blau, Schwarz, Rot, Gelb und Grün.

Die Flagge des *Europarates* besteht aus im Kreis angeordneten Sternen auf blauem Grund.

㉚ **Lösung b)**

Schöffen sind ehrenamtliche Richter, die zu dieser Laienrichtertätigkeit berufen werden. Sie stimmen mit gleichem Stimmrecht wie die Berufsrichter ab.

㉛ **Lösung b)**

Maria Theresia (1717–1780) Erzherzogin von Österreich, Königin von Ungarn und Böhmen regierte von 1740 bis 1780.

Ludwig XIV., der Sonnenkönig, regierte von 1643 bis 1715.

Von 1740 bis 1786 war die Regierungszeit von *Friedrich dem Großen*.

㉛ Der gewählte Abgeordnete ist laut Grundgesetz verantwortlich

☐ a) seinem Gewissen?   ☐ b) seiner Fraktion?

☐ c) seiner Partei?   ☐ d) seinen Wählern?

㉝ Was heißt Exekutive?

☐ a) Hinrichtung.   ☐ b) Rechtsprechung.

☐ c) Gesetzgebung.   ☐ d) Verwaltung/ausführende Gewalt.

㉞ Wer war der Belgier De Hondt?

☐ a) Belgischer Parlamentspräsident von 1979 bis 1987.

☐ b) Mathematiker, der ein Prinzip zur Verteilung der Sitze im Parlament erfand.

☐ c) Radsportler.

☐ d) Präsident der EG-Kommission.

㉟ Wie hieß der zweite Bundeskanzler der BRD?

☐ a) Ludwig Erhard.   ☐ b) Kurt Georg Kiesinger.

☐ c) Walter Scheel.   ☐ d) Theodor Heuss.

㊱ Wie heißt das Parlament Dänemarks?

☐ a) Knesset.   ☐ b) Unterhaus.   ☐ c) Folketing.   ☐ d) Reichstag.

㊲ Konnte der Reichspräsident laut Artikel 48 der Weimarer Verfassung

☐ a) sich zum Kaiser krönen?

☐ b) den Reichstag auflösen?

☐ c) eine Notverordnung erlassen?

☐ d) den Reichskanzler entmachten?

Reichstagsgebäude in Berlin

③② Lösung a)

In Artikel 38 Abs. 1 des Grundgesetzes heißt es, daß die Abgeordneten Vertreter des ganzen Volkes sind, an Aufträge und Weisungen nicht gebunden und nur ihrem Gewissen unterworfen sind.

③③ Lösung d)

Unter »Exekutive« versteht man die ausführende Gewalt oder auch Verwaltung.
Eine Hinrichtung wird auch als *Exekution* bezeichnet.

③④ Lösung b)

Der Belgier de Hondt (1841–1901) ist Erfinder eines Prinzips, nach dem die Sitze im Parlament (bei einer feststehenden Abgeordnetenzahl) nach dem Verhältnis der Stimmen auf die einzelnen Parteien verteilt werden.

③⑤ Lösung a)

Von 1963 bis 1966 war Ludwig Erhard Bundeskanzler. Als Nachfolger von Adenauer war er der zweite Kanzler der Bundesrepublik Deutschland. Von 1949 bis 1963 war er Wirtschaftsminister. Im Kabinett Adenauer erwarb er sich dabei den Ruf als »Vater des Wirtschaftswunders«.

③⑥ Lösung c)

Das Parlament Dänemarks wird Folketing genannt.
In Schweden nennt man es *Reichstag.*
In Israel heißt das Parlament *Knesset.*

③⑦ Lösung c)

Artikel 48 der Weimarer Verfassung gab dem Reichspräsidenten das Recht, sofern es »zur Wiederherstellung der öffentlichen Sicherheit und Ordnung« notwendig war, die wichtigsten Rechte der persönlichen Freiheit und der politischen Mitbestimmung ganz oder zum Teil außer Kraft zu setzen. Er hatte zwar auch die Möglichkeit, den Reichstag aufzulösen, dies war jedoch nicht mit der Notverordnung in Artikel 48 gemeint.

❸❽ Was versteht man unter der »Dolchstoßlegende«?

☐ a) Nach dem Ersten Weltkrieg wurde behauptet, daß nicht das deutsche Heer im Felde besiegt worden sei, sondern vielmehr hätte das Versagen der Heimat und die »Novemberrevolution« den verlorenen Krieg verursacht. Die Heimat sei der kämpfenden Truppe in den Rücken gefallen und hätte sie rücklings erdolcht.

☐ b) Die Erzählung der Verschwörung unter Führung von M. Brutus im Jahre 44 v. Chr. gegen Cäsar.

☐ c) Attentatsversuch von Stauffenbergs gegen Adolf Hitler 1944.

☐ d) Ermordung des österreichischen Thronfolgers Erzherzog Franz Ferdinand 1914 in Sarajewo, was als Auslöser des Ersten Weltkrieges gilt.

❸❾ Was versteht man unter einer Zweitstimme?

☐ a) Stimmabgabe für einen Kandidaten aus dem Wahlkreis.

☐ b) Wahl von Kandidaten unterschiedlicher Parteien auf einem Stimmzettel.

☐ c) Wahl der Landesliste einer Partei.

☐ d) Stimmabgabe bei einer Stichwahl.

❹⓪ Wann lebte Friedrich der Große?

☐ a) 1713–1740.

☐ b) 1712–1786.

☐ c) 1122–1190.

☐ d) 768–814.

㊳ Lösung a)

Die Dolchstoßlegende geht von der in nationalistischen Kreisen verbreiteten These aus, daß die Ursache für die deutsche Niederlage im Ersten Weltkrieg nicht in militärischen Gründen, sondern in revolutionären Tätigkeiten linksgerichteter Teile der Heimatbevölkerung zu finden ist.

㊴ Lösung c)

Mit der Zweitstimme wird die Landesliste einer Partei gewählt. Bei der Bundestagswahl sind auf der Landesliste die Kandidaten einer Partei in einer festgelegten Reihenfolge aufgeführt. Nach dem d'Hondtschen Verfahren werden entsprechend den Zweitstimmenanteilen der Parteien die Sitze im Parlament verteilt. Die Kandidaten einer Partei rücken dabei in der Reihenfolge der Landesliste in das Parlament, sofern sie nicht als Direktkandidat in ihrem Wahlkreis mit der Erststimme die Mehrheit erringen konnten.

Sie haben 2 Stimmen

hier 1 Stimme
für die Wahl
eines Wahlkreisabgeordneten
Erststimme

hier 1 Stimme
für die Wahl
einer Landesliste (Partei)
Zweitstimme

1	Müller, Peter Buchhalter X-Stadt Goethestraße 7 **A-Partei**	O
2	Meier, Elisabeth Sekretärin X-Stadt Am Markt 6 **B-Partei**	O
3	Kemper, Hans Fabrikant X-Stadt Lenaustraße 17 **C-Partei**	O
4	Kern, Max Werkmeister X-Stadt Berliner Straße 5 **D-Partei**	O
5	Singerl, Alois Angestellter X-Stadt Schillerstraße 10 **E-Partei**	O

O	A-Partei	A-Partei Becker, Schmidt, Bauer, Schulze, Groß	1
O	B-Partei	B-Partei Huber, Schmitz, Frings, Lang, Franz	2
O	C-Partei	C-Partei Klein, Ortmann, Weber, Schröder, Krug	3
O	D-Partei	D-Partei Weil, Frank, Mücke, Wagner, Kraus	4
O	E-Partei	E-Partei Scholz, Braun, Schön, Buchner, Seifert	5

Schema eines Wahlzettels für die Bundestagswahl

㊵ Lösung b)

Friedrich Wilhelm I. war König von 1713 bis 1740. Sein Sohn, *Friedrich II.*, mit dem Beinamen »der Große«, wurde 1712 in Berlin geboren und starb 1786 in Potsdam.
Friedrich Barbarossa, der während eines Kreuzzuges beim Baden in der heutigen Türkei ums Leben kam, lebte von 1122 bis 1190. Von 768 bis 814 lebte *Karl der Große.*

41 Was geschah in der sogenannten Reichskristallnacht?

☐ **a)** Vereidigung der Hitlerjugend auf die Fahne und den »Führer«.

☐ **b)** Plünderung und Inbrandsetzung jüdischer Geschäfte und Synagogen.

☐ **c)** Konfiszierung aller glasherstellenden Betriebe für die Rüstungsindustrie.

☐ **d)** Bombenangriff im April 1945 auf Dresden.

42 Wer war der erste Präsident der USA?

☐ **a)** Thomas Jefferson.

☐ **b)** Theodore Roosevelt.

☐ **c)** Abraham Lincoln.

☐ **d)** George Washington.

43 In welchem Jahr fand der Sechs-Tage-Krieg statt?

☐ **a)** 1948.

☐ **b)** 1956.

☐ **c)** 1967.

☐ **d)** 1973.

④ **Lösung b)**

In der Nacht vom 9. zum 10.11.1938 zerstörten national-sozialistische Trupps Synagogen und jüdische Wohn- und Geschäftshäuser in Deutschland. Mindestens 91 Menschen fanden dabei den Tod, über 30 000 Personen wurden verhaftet und teilweise in Konzentrationslager gesperrt. Der zynische, von den Nationalsozialisten geprägte Begriff »Reichskristall-nacht« wurde von dem in dieser Nacht zerstörten Glas und Kristall hergeleitet.

④ **Lösung d)**

George Washington (1732–1799) wurde 1789 zum ersten Präsidenten der Vereinigten Staaten von Amerika gewählt. Er war Oberbefehlshaber über die amerikanischen Revolutions-truppen im Kampf gegen die Briten, nachdem 1776 die 13 aufständischen Kolonien ihre Trennung vom britischen Mut-terland mit der »Declaration of Independence« erklärt hat-ten.

Thomas Jefferson war amerikanischer Präsident von 1801 bis 1809.

Unter der Präsidentschaft *Abraham Lincolns* fand von 1861 bis 1865 der Sezessionskrieg statt, der eine Auseinanderset-zung zwischen den Südstaaten und den Nordstaaten mit der Kernfrage der Sklavenhaltung darstellte.

Theodore Roosevelt war US-Präsident von 1901 bis 1908.

④ **Lösung c)**

Der Sechs-Tage-Krieg fand vom 5. bis 10. 6. 1967 statt. Israel besetzte den Gaza-Streifen, die Sinai-Halbinsel bis zum Suezkanal, Westjordanien sowie die Golanhöhen im Kampf gegen die arabischen Staaten.

Der *Palästina-Krieg* wurde von Mai 1948 bis Januar 1949 zwischen jüdischen Siedlern und arabischen Armeen ausge-tragen.

Im Herbst 1956 fand der *Suez-Krieg* statt.

1973 fand ein Angriff Ägyptens und Syriens auf Israel statt, der unter dem Namen *Jom-Kippur-Krieg* in die Geschichte einging.

44 Welcher bundesdeutsche Regierungschef besuchte als erster Israel?

☐ a) Konrad Adenauer.

☐ b) Kurt Georg Kiesinger.

☐ c) Willy Brandt.

☐ d) Helmut Schmidt.

45 Wer war Archimedes?

☐ a) Griechischer Mathematiker und Physiker um 250 v. Chr.

☐ b) Chinesischer Philosoph um 500 v. Chr.

☐ c) Erfinder und Konstrukteur des Leuchtturms auf Pharos.

☐ d) Griechischer Philosoph um 300 n. Chr.

46 Für welche Zeitspanne wird der Bundespräsident gewählt?

☐ a) 4 Jahre.   ☐ b) 5 Jahre.   ☐ c) 7 Jahre.   ☐ d) 8 Jahre.

47 Von welchem Land wurde 1704 Gibraltar besetzt?

☐ a) Portugal.

☐ b) Spanien.

☐ c) England.

☐ d) Marokko.

48 Welcher Staat wurde um 540 v. Chr. zur bedeutendsten Seemacht?

☐ a) Karthago.

☐ b) Persien.

☐ c) Sparta.

☐ d) Portugal.

㊹ **Lösung c)**

Willy Brandt besuchte als erster bundesdeutscher Regierungschef Israel und leitete damit eine Entspannung des aufgrund
der Judenverfolgung im Zweiten Weltkrieg belasteten Ver-
hältnisses zwischen Israel und der Bundesrepublik Deutschland ein.

㊺ **Lösung a)**

Archimedes (geboren in Syrakus um 286, gestorben 212 v.
Chr. in Syrakus) war ein bedeutender griechischer Mathematiker und Physiker. Von ihm stammen Berechnungen der
Kreisfläche, Kegelschnitte, Quadratwurzeln und die Ent-
deckung des Schwerpunktes. Daraus entwickelte er das He-
belgesetz sowie das nach ihm benannte »Archimedische Prinzip«: Dieses Gesetz besagt, daß der statische Auftrieb eines
Körpers dem Gewicht der von ihm verdrängten Flüssigkeits-
oder auch Gasmenge gleicht.

㊻ **Lösung b)**

Der Bundespräsident wird von der Bundesversammlung für
einen Zeitraum von 5 Jahren gewählt. Wählbar ist jeder
Deutsche, der das 40. Lebensjahr vollendet hat. Der Präsident kann nach der Amtszeit noch einmal für 5 Jahre gewählt
werden, so daß sich eine maximale Amtszeit von 10 Jahren
ergibt.

㊼ **Lösung c)**

1462 verloren die Mauren Gibraltar an die Spanier, die es
1704 im Spanischen Erbfolgekrieg an die Engländer verloren.
Seither ist Gibraltar in englischem Besitz.

㊽ **Lösung a)**

Im 5. Jh. v. Chr. erstreckte sich der Machtbereich Karthagos
über weite Teile des Mittelmeerraumes. Karthago war zu diesem Zeitpunkt die bedeutendste Seemacht.
Im 15. Jh. n. Chr. waren die *Portugiesen* die größte See- und
Kolonialmacht Westeuropas.

49 Wer war der direkte Vorgänger von Michail Gorbatschow im Amt des Generalsekretärs der KPdSU?

☐ **a)** Jurij Andropow. ☐ **b)** Leonid Breschnew.

☐ **c)** Konstantin Tschernenko. ☐ **d)** Andrej Gromyko.

50 Aus welchem Grund fand der Sezessionskrieg statt?

☐ **a)** Der Krieg fand seinen Anfang im Prager Fenstersturz.

☐ **b)** Bestrebung der Briten, ein zusammenhängendes Kolonialreich in Afrika zu schaffen.

☐ **c)** Der Krieg wurde durch die Unabhängigkeitserklärung der 13 englischen Kolonien in Nordamerika ausgelöst.

☐ **d)** Unterschiedliche Auffassungen bezüglich der Sklavenhaltung.

51 Wer gründete das Deutsche Reich?

☐ **a)** Hitler. ☐ **b)** Bismarck.

☐ **c)** Kaiser Wilhelm II. ☐ **d)** Hindenburg.

52 Was ist der Kommentar zu einem Gesetz?

☐ **a)** Einleitung. ☐ **b)** Anhang.

☐ **c)** Abgrenzung. ☐ **d)** Erläuterung.

53 Was versteht man unter Reconquista?

☐ **a)** Kampf des christlichen Spaniens gegen die arabische Herrschaft.

☐ **b)** Auseinandersetzung des Papstes in Rom mit dem Gegenpapst in Avignon (14./15. Jh.).

☐ **c)** Eroberung Mittel- und Südamerikas durch die Spanier und Portugiesen im 16. Jh.

☐ **d)** Aufstand russischer Adeliger und Offiziere, die aufgrund freiheitlich republikanischer Ideen 1825 einen Putsch versuchten, der jedoch scheiterte.

㊾ **Lösung c)**

Konstantin Tschernenko wurde am 9. 2. 1984 nach dem Tod von *Andropow* Generalsekretär der KPdSU und wenig später Staatsoberhaupt. Am 10. 3. 1985 wurde nach seinem Tod Michail *Gorbatschow* sein Nachfolger. Dieser trat nach einem erfolglosen Staatsstreich gegen ihn am 24. 8. 91 von dem Amt als Generalsekretär der KPdSU zurück.

㊿ **Lösung d)**

Der Sezessionskrieg fand von 1861 bis 1865 um die Frage der Sklavenhaltung statt. Die Nordstaaten waren dagegen, die Südstaaten der USA dafür.

Die Bestrebungen der Briten, ein zusammenhängendes Kolonialreich in Afrika zu schaffen, führten zum *Burenkrieg*. Die Unabhängigkeitserklärung der 13 englischen Kolonien führte zum *Unabhängigkeitskrieg*. Durch den Prager Fenstersturz 1618 wurde der *Dreißigjährige Krieg* eingeleitet.

(51) **Lösung b)**

Nach Beendigung des deutsch-französischen Krieges 1870/71 traten die süddeutschen Staaten dem bereits existierenden Norddeutschen Bunde bei, der mit Reichstagsbeschluß vom Dezember 1870 »Deutsches Reich« genannt wurde. Initiator war Bismarck; König Wilhelm I. von Preußen wurde damit im Januar 1871 Deutscher Kaiser.

(52) **Lösung d)**

Bei einem Gesetzeskommentar handelt es sich um eine Erläuterung zu dem Gesetz. Der oft schwierig zu verstehende Gesetzestext wird mit Beispielen erklärt.

Die Einleitung zu unserer Verfassung wird *Präambel* genannt. Ein Anhang wird auch als *Annex* bezeichnet.

(53) **Lösung a)**

Die Reconquista beschreibt den Kampf und das Zurückdrängen der Mauren in Spanien bis 1492.

Die Teilnehmer am russischen Aufstand vom Dezember 1825 wurden *Dekabristen* genannt.

54 Bedeutet Kondottiere

☐ a) Söldnerführer des 14. und 15. Jh. in Italien?

☐ b) Kommandant eines vorwiegend im Mittelmeerraum kreuzenden Piratenschiffs?

☐ c) Leiter einer überseeischen Handelskompanie im 16. bis 18. Jh. (diese Kompanien trugen zur Kolonienbildung bei)?

☐ d) Kommandant einer in den Alpen operierenden italienischen Gebirgsjägereinheit?

55 Wieviel Prozent der Stimmen erhielt die CDU/CSU bei der Bundestagswahl 1994?

☐ a) 33,5 %

☐ b) 41,5 %

☐ c) 55 %

☐ d) 24,3 %

56 Wer siegte bei der Schlacht auf dem Lechfeld gegen die Ungarn?

☐ a) Otto I. der Große.

☐ b) Otto III.

☐ c) Heinrich IV.

☐ d) Karl der Große.

Lösung a)

Kondottiere wurden die Söldnerführer in Italien im 14. und
15. Jh. genannt. Bekannte Kondottiere sind Gattamelata
(1370–1443) – ihm wurde in Padua ein Reiterstandbild von
Donatello erbaut – und Colleoni (1400–1475), der in Venedig
ein Reiterstandbild von Verrocchio erhielt.

 Lösung b)

Bei der Wahl zum Bundestag am 16. 10. 1994 erhielt die
CDU/CSU 41,5 % der Stimmen, die SPD 36,4 %, die FDP
6,9 %, und die Grünen bekamen bundesweit 3,9 % der Stimmen. Die PDS blieb mit 4,4 % der Stimmen unter der 5 %-
Hürde, zog aber nach Erringung von 4 Direktmandaten in
den Bundestag ein.

56 **Lösung a)**

Otto I., genannt der Große (912–973), war römischer Kaiser
und deutscher König. 955 siegte er auf dem Lechfeld bei
Augsburg in einer Schlacht gegen die Ungarn. Otto III. war
sein Enkel (980–1002); er starb mit 22 Jahren bei einem Feld-
zug gegen das aufbegehrende Rom.

Heinrich IV. (1050–1106) geriet in einen Machtkampf mit
Papst Gregor VII. Heinrich IV. setzte *Papst Gregor* ab, wor-
auf er von diesem gebannt wurde. Auf Druck der Bischöfe
und Fürsten ging Heinrich IV. auf seinem »Bußgang nach
Canossa«, um sich mit Papst Gregor auszusöhnen. Heinrich
IV. wurde 1080 von Gregor erneut gebannt, setzte sich jedoch jetzt durch und erklärte Papst Gregor endgültig für abgesetzt.

Karl der Große (Carolus Magnus, 747–814), König der Fran-
ken und seit 800 römischer Kaiser, unterwarf die Sachsen und
ließ sie christianisieren. Durch Eroberungszüge schuf er das
Frankenreich als Erbe des weströmischen Reiches, das von
Nordspanien, Oberitalien, Mähren bis Dänemark reichte.

57 Wie heißt diese Kirche, die als Mahnmal gegen den Krieg als Ruine stehengelassen wurde?

☐ a) Frauenkirche in Dresden.

☐ b) Stiftskirche in Stuttgart.

☐ c) Kaiser-Wilhelm-Gedächtniskirche in Berlin.

☐ d) Kathedrale von Coventry.

58 Wer war der Heerführer der kaiserlichen Truppen im Dreißigjährigen Krieg?

☐ a) Gustav Adolf.   ☐ b) Georg von Frundsberg.

☐ c) Wallenstein.   ☐ d) Karl XII. von Schweden.

59 Welche Aufgabe stellte sich das Parlament am 18. Mai 1848 in der Frankfurter Nationalversammlung?

☐ a) Abschaffung der erblichen Monarchie.

☐ b) Vereinigung von Deutschland, Österreich und Ungarn.

☐ c) Schaffung eines föderalistischen Staates.

☐ d) Schaffung eines deutschen Nationalstaates.

60 Wo wurde Napoleon im Herbst 1814 festgehalten?

☐ a) Ajaccio auf der Insel Korsika.   ☐ b) Elba.

☐ c) Waterloo   ☐ d) St. Helena.

57 Lösung c)

Bei der Abbildung handelt es sich um die Kaiser-Wilhelm-Gedächtniskirche in Berlin. Die Kirche wurde 1943 bis auf den Turm zerstört. Die 68 m hohe Turmruine wurde gesichert und als Mahnmal gegen den Krieg stehengelassen.

Die Turmruine wird im Berliner Volksmund auch »Hohler Zahn« genannt.

Die während des Krieges ebenfalls zerstörten Kirchen in *Coventry* und in *Dresden* wurden auch als Ruinen erhalten.

Die Stiftskirche in *Stuttgart* wurde nach dem Krieg in den Jahren 1950 bis 1959 wieder aufgebaut.

58 Lösung c)

Wallenstein, Herzog von Friedland und Mecklenburg, Fürst von Sagan (1583–1634), wurde von Kaiser Ferdinand II. beauftragt, im Dreißigjährigen Krieg die kaiserlichen Truppen zu führen. Er stand den Truppen Gustav Adolfs II. von Schweden gegenüber, die er 1632 in der Schlacht bei Lützen besiegte; der schwedische Anführer fiel.

Karl XII. von Schweden (1682–1718) fiel bei einem Angriff auf die Festung Fredrikshald.

Georg von Frundsberg (1473–1528), befehligte die Truppen von Karl V. im Krieg gegen Frankreich.

59 Lösung d)

Die Frankfurter Nationalversammlung tagte seit 1848 in der Paulskirche zu Frankfurt. Ziel des Parlaments war die Schaffung eines deutschen Nationalstaates.

60 Lösung b)

Napoleon Bonaparte, Kaiser der Franzosen, wurde 1769 in Ajaccio (Korsika) geboren. In dem Rußlandfeldzug 1812 verließ ihn das Kriegsglück. 1814 wurde er durch den Senat abgesetzt und auf die Insel Elba verbannt. Im März 1815 brach Napoleon noch einmal auf, wurde am 18. 6. 1815 bei Waterloo geschlagen und nun auf die britische Insel St. Helena verbracht. Dort starb er 1821.

II. GEOGRAPHIE – REISEN

Fragen:

---

❶ Wo fand die Schlacht von Trafalgar statt?

☐ **a)** In einer Gemeinde südlich von Brüssel.

☑ **b)** Im Ärmelkanal.

☐ **c)** Am Westufer der Bucht von Abukir, bei Alexandria (Ägypten).

☐ **d)** Im Atlantik südlich von Cadiz.

❷ Wie heißt der tiefste Punkt unter dem Meeresspiegel?

☑ **a)** Marianengraben.

☐ **b)** Tongagraben.

☐ **c)** Angola-Becken.

☐ **d)** Japangraben.

❸ Was ist der Bosporus?

☐ **a)** Meeresstraße zwischen dem Golf von Aden und dem Roten Meer.

☐ **b)** Meerenge zwischen dem Schwarzen Meer und dem Marmarameer.

☐ **c)** Meeresstraße zwischen dem Mittelmeer und dem Roten Meer.

☐ **d)** Meerenge zwischen dem Mittelmeer und dem Marmarameer.

① **Lösung d)**
Die Seeschlacht von Trafalgar fand am 21. 10. 1805 am gleichnamigen Kap südlich von Cadiz im Atlantik statt. Admiral Nelson errang über die französisch-spanische Flotte einen entscheidenden Sieg. Die britische Seeherrschaft wurde für ein Jahrhundert gesichert.

Die Gemeinde südlich von Brüssel heißt *Waterloo;* hier fand 1815 eine Landschlacht zwischen Napoleon und den Briten, Deutschen und Holländern statt, bei der Napoleon vernichtend geschlagen wurde.

In der Seeschlacht von *Abukir* wurde die französische Flotte auf ihrer Ägypten-Expedition von den Briten unter Führung von Admiral Nelson besiegt.

② **Lösung a)**
Der tiefste Punkt unter dem Meeresspiegel ist der Marianengraben östlich von den Philippinen mit einer Tiefe von 11034 m.

Der *Japangraben* liegt nördlich des Marianengrabens und hat eine Tiefe von 10374 m.

Der nördlich von Neuseeland liegende *Tongagraben* ist 10982 m tief.

Das *Angola-Becken* westlich von Afrika bringt es dagegen nur auf eine Tiefe von 5841 m.

③ **Lösung b)**
Der Bosporus ist die Meerenge zwischen Europa und Asien. Er ist die Verbindung zwischen dem Schwarzen Meer und dem Marmarameer. Der Bosporus ist 37,5 km lang und hat eine Breite zwischen 600 m an der engsten und 4500 m an der breitesten Stelle.

Die Meerenge zwischen dem Roten Meer und dem Golf von Aden heißt *Bab el Mandeb.*

Die Meeresverbindung zwischen dem Mittelmeer und dem Roten Meer ist der *Suezkanal.*

Die Meeresstraße zwischen dem Marmarameer und dem Mittelmeer heißt *Dardanellen.*

4 Wie heißt die Gebirgskette im Osten der USA?

☐ **a)** Anden.

☐ **b)** Rocky Mountains.

☐ **c)** Appalachen.

☐ **d)** Kordilleren.

5 Wie heißt die Hauptstadt von Bangladesh?

☐ **a)** Rangun. ☐ **b)** Kalkutta. ☐ **c)** Dakka. ☐ **d)** Bombay.

6 Welche Länder grenzen an die Türkei?

☐ **a)** Syrien, Georgien, Iran, Saudi-Arabien, Griechenland.

☐ **b)** Bulgarien, Iran, Jordanien, Syrien.

☐ **c)** Iran, Rumänien, Griechenland, Georgien.

☐ **d)** Bulgarien, Georgien, Syrien, Irak, Iran, Griechenland.

7 Welcher Kontinent hat die größte Bevölkerung?

☐ **a)** Amerika.

☐ **b)** Australien

☐ **c)** Asien.

☐ **d)** Europa.

8 Wie viele Länder durchfließt die Donau?

☐ **a)** Vier. ☐ **b)** Fünf. ☐ **c)** Sechs. ☐ **d)** Sieben.

9 Welche der folgenden Inseln hat die größte Ausdehnung (km²)?

☐ **a)** Korsika. ☐ **b)** Malta. ☐ **c)** Zypern. ☐ **d)** Kreta.

④ **Lösung c)**

Die Appalachen erstrecken sich an der Ostküste der USA von Neuschottland bis nach Alabama mit einer Länge von rund 2600 km.
Die *Anden* sind eine Gebirgskette in Südamerika.
Im Westen der USA erstrecken sich die Rocky Mountains. Anden und Rocky Mountains sind beide Bestandteile der *Kordilleren,* die von der Beringstraße im Norden bis nach Feuerland im Süden reichen.

⑤ **Lösung c)**

Die Hauptstadt von Bangladesh, dem früheren Ostpakistan, heißt Dakka (ca. 4 Mio. Einwohner). 1971 wurde die Unabhängigkeit proklamiert, die mit Hilfe des indischen Militärs gegen die westpakistanischen Truppen durchgesetzt wurde. *Rangun* ist die Hauptstadt von Myanmar, das bis 1989 Birma hieß. *Kalkutta* und *Bombay* sind indische Städte.

⑥ **Lösung d)**

Die Türkei wird im Westen durch Griechenland und Bulgarien, im Norden durch Georgien und im Osten durch Irak, Iran und Syrien begrenzt. Die 780576 km² große Türkei hat eine Einwohnerzahl von 59,5 Mio. Menschen.

⑦ **Lösung c)**

Asien ist der Kontinent mit der zahlenmäßig größten Bevölkerung. Die Vereinten Nationen schätzen die Weltbevölkerung im Jahre 1995 auf knapp 6 Mrd. Menschen, wovon über die Hälfte in Asien lebt.

⑧ **Lösung c)**

Die Donau durchfließt sechs Länder auf ihrem Weg ins Schwarze Meer. Nach der Entstehung der Donau durch den Zusammenfluß von Brigach und Breg in Donaueschingen durchfließt die Donau die *Bundesrepublik, Österreich, Slowakei, Ungarn, Jugoslawien* und *Rumänien.* Fast die gesamte Nordgrenze Bulgariens zu Rumänien wird durch die Donau gebildet. Durch Bulgarien selbst fließt sie jedoch nie.

⑨ **Lösung c)**

Zypern ist mit 9251 km² die größte Insel, danach folgt Korsika (8568 km²), Kreta (8259 km²) und Malta mit 246 km².

❿ In welchem Land findet man den Titikakasee?

☐ **a)** Peru und Bolivien.   ☐ **b)** Argentinien.

☐ **c)** Chile und Bolivien.   ☐ **d)** Kolumbien.

⓫ Welche der folgenden Städte ist nicht Hauptstadt eines Bundeslandes?

☐ **a)** Hannover.   ☐ **b)** Wiesbaden.

☐ **c)** Saarbrücken.   ☐ **d)** Frankfurt.

⓬ Wie viele Breitenkreise (Breitengrade) gibt es?

☐ **a)** Unendlich viele.   ☐ **b)** 60.   ☐ **c)** 90.   ☐ **d)** 120.

⓭ Welches der folgenden Länder hat die größte Bevölkerungsdichte pro km²?

☐ **a)** Niederlande.   ☐ **b)** Großbritannien.

☐ **c)** Bundesrepublik.   ☐ **d)** Schweiz.

⓮ Wie heißt das Meer zwischen Schwarzem Meer und Mittelmeer?

☐ **a)** Goldenes Horn.   ☐ **b)** Bosporus.

☐ **c)** Totes Meer.   ☐ **d)** Marmarameer.

⓯ In welchen Ländern wird portugiesisch gesprochen?

☐ **a)** Brasilien, Portugal, Chile, Angola.

☐ **b)** Moçambique, Angola, Uruguay, Macao.

☐ **c)** Brasilien, Portugal, Timor, Macao, Moçambique, Angola.

☐ **d)** Angola, Brasilien, Gabun.

⑩ **Lösung a)**

Der Titikakasee mit 8300 km² Größe liegt an der Grenze zwischen Peru und Bolivien. Der See liegt 3812 m über dem Meer, ist 190 km lang und bis zu 272 m tief.

⑪ **Lösung d)**

Frankfurt ist nicht die Hauptstadt eines Bundeslandes. *Hannover* ist die Hauptstadt von Niedersachsen, *Wiesbaden* von Hessen und *Saarbrücken* vom Saarland.

⑫ **Lösung a)**

Es gibt unendlich viele Breitenkreise. Durch jeden Ort der Erde zieht sich ein Breitenkreis. Alle Breitenkreise sind Parallelen des Äquators. Je größer der Abstand vom Äquator, desto kleiner werden die Breitenkreise und desto größer der Winkel, den sie zum Mittelpunkt der Ebene des Äquators bilden, bis sie bei 90° Nord oder Süd die jeweiligen Pole erreichen und gleich Null sind.

⑬ **Lösung a)**

Die Niederlande haben mit einer Gesamtbevölkerung von 15,2 Mio. Einwohnern eine Bevölkerungsdichte von 365 Personen pro km².
Großbritannien hat eine Bevölkerungsdichte von 240 Einwohnern pro km², gefolgt von der *Bundesrepublik* mit einer Bevölkerungsdichte von 228 Personen pro km² und der *Schweiz* mit nur 174 Personen pro km².

⑭ **Lösung d)**

Die Meeresverbindung zwischen dem Schwarzen Meer und dem Mittelmeer heißt Marmarameer.
Der *Bosporus* ist die Meerenge zwischen dem Schwarzen Meer und dem Marmarameer.
Das *Goldene Horn* ist ein Meeresarm in Istanbul.

⑮ **Lösung c)**

Portugiesisch wird in folgenden Ländern gesprochen: *Brasilien, Portugal, Macao, Moçambique, Timor* und *Angola*.

16 Zu welchem Land gehört die Insel Korsika?

☐ **a)** Italien.   ☐ **b)** Frankreich.

☐ **c)** Korsika ist ein autonomer Staat.   ☐ **d)** Spanien.

17 Wie viele Länder grenzen an die Bundesrepublik?

☐ **a)** Neun.   ☐ **b)** Zehn.   ☐ **c)** Acht.   ☐ **d)** Sieben.

18 Wie heißt das Meer, in das die Donau mündet?

☐ **a)** Schwarzes Meer.   ☐ **b)** Mittelmeer.

☐ **c)** Nordsee.   ☐ **d)** Marmarameer.

19 Durch welches der folgenden afrikanischen Länder geht der Äquator?

☐ **a)** Algerien. ☐ **b)** Nigeria. ☐ **c)** Sambia. ☐ **d)** Kenya.

20 An welchem Fluß liegt New York?

☐ **a)** Hudson.   ☐ **b)** Manhattan.

☐ **c)** Potomac.   ☐ **d)** Champlain.

21 Aus dem Umland welcher Stadt kommt der berühmte Sherry?

☐ **a)** Jerez de la Frontera.   ☐ **b)** Sheffield.

☐ **c)** San Diego.   ☐ **d)** Sherridon.

22 Was verbirgt sich hinter dem Wort Macao?

☐ **a)** Begrüßungszeremonie für Gäste auf Neuguinea.

☐ **b)** Portugiesische Besitzung in Asien.

☐ **c)** Brasilianische Stadt im Amazonasgebiet.

☐ **d)** Fünfthöchster Berg der Erde.

⑯ **Lösung b)**
Korsika gehört zu Frankreich und ist in zwei Departements aufgeteilt: *Corse du Sud* mit Hauptstadt Ajaccio und *Haute Corse* mit Hauptstadt Bastia.

⑰ **Lösung a)**
An die Bundesrepublik grenzen neun Länder: Dänemark, Polen, Tschechische Republik, Österreich, Schweiz, Frankreich, Luxemburg, Belgien und Niederlande.

⑱ **Lösung a)**
Die Donau mündet nach einer Flußlänge von 2850 km ins Schwarze Meer.

⑲ **Lösung d)**
Der Äquator zieht sich von Ost nach West in Afrika durch folgende Länder: *Somalia, Kenia, Uganda, Zaire, Kongo* und *Gabun.*

⑳ **Lösung a)**
New York liegt am Hudson River, der in den Adirondack Mountains entspringt.
Manhattan ist ein Stadtteil von New York. Der *Potomac* windet sich durch die amerikanische Hauptstadt Washington.

㉑ **Lösung a)**
Der Sherry stammt aus Spanien, aus der Stadt Jerez de la Frontera, die südlich von Sevilla liegt.

㉒ **Lösung b)**
Macao ist die letzte portugiesische Überseebesitzung; sie wird 1999 an die VR China übergeben. Die 18,7 km² großen Inseln sind zu 97 % von Chinesen bewohnt.
Die brasilianische Stadt im Amazonasgebiet heißt *Manaus.*
Der fünfthöchste Berg der Erde ist der *Makalu (8481 m).*

23 Wie groß ist die Entfernung zwischen Berlin und Paris? (Luftlinie)

☐ **a)** 950 km ☐ **b)** 830 km ☐ **c)** 560 km ☐ **d)** 1200 km

24 Welches Land zeigt in seiner Flagge den Umriß des Landes?

☐ **a)** Israel. ☐ **b)** Guatemala. ☐ **c)** Zypern. ☐ **d)** Honduras.

25 Was versteht man unter einem Delta?

☐ **a)** Ein Dreieck, in dem es zu sehr vielen Unglücken kommt, zum Beispiel das Bermudadreieck.

☐ **b)** Eine einem Dreieck ähnelnde Flügelform bei Flugzeugen.

☐ **c)** Strommündung in Gestalt eines Dreiecks. Der Fluß teilt sich vor der Mündung in viele Flußarme.

☐ **d)** Schwierige Kletterpartie der Stufe 5.

26 Zu welchem Erdteil gehört Ägypten?

☐ **a)** Europa. ☐ **b)** Afrika. ☐ **c)** Asien. ☐ **d)** Amerika.

27 Auf welcher Insel liegt die Dominikanische Republik?

☐ **a)** Haiti. ☐ **b)** Jamaika. ☐ **c)** Bahamas. ☐ **d)** Hispaniola.

28 Wo hat die UNO ihren Sitz?

☐ **a)** New York. ☐ **b)** Wien. ☐ **c)** Genf. ☐ **d)** Brüssel.

29 Wo ist die Lombardei?

☐ **a)** Landschaftsgebiet südlich der Ardennen und östlich von Reims.

☐ **b)** Provinz in Südspanien.

☐ **c)** Landschaft in Norditalien.

☐ **d)** Küstenregion in Frankreich, nordwestlich der Normandie.

Lösung b)
830 km Luftlinie trennen Berlin von Paris.

 Lösung c)
Zypern hat als Flagge die Insel
in ihrem Umriß abgebildet.

Die Flagge von Zypern

 Lösung c)
Wenn in der Geographie von einem Delta gesprochen wird,
ist immer die fächerförmige Aufteilung eines Stromes in verschiedene Arme vor der Mündung gemeint. Daher spricht
man von dem Delta des Nils oder Ganges und Brahmaputras.
Letzteres ist 56000 km² groß.

 Lösung b)
Ägypten, im Norden durch das Mittelmeer, im Osten durch
das Rote Meer begrenzt, gehört zu Afrika. Der Nachbar im
Westen ist Libyen, im Süden der Sudan. Ein kleiner Teil
Ägyptens, östlich des Roten Meeres, grenzt an Israel und
gehört zu Asien.

㉗ **Lösung d)**
Die Dominikanische Republik und Haiti liegen zusammen
auf der karibischen Insel Hispaniola.

㉘ **Lösung a)**
Die Vereinten Nationen oder auch UNO, als Abkürzung der
englischen Bezeichnung *United Nations Organization,* hat
ihren Sitz in New York. Die Organisation wurde 1942 gegründet. 1973 traten die Bundesrepublik Deutschland und
die Deutsche Demokratische Republik der Organisation bei.

㉙ **Lösung c)**
Die Lombardei ist eine dichtbesiedelte Landschaft in Norditalien mit Mailand als Hauptstadt. Die Lombardei reicht von
den Zentralalpen bis zur Poebene.

30 Welches der folgenden afrikanischen Länder ist ein Küstenland?

☐ **a)** Uganda.

☐ **b)** Obervolta.

☐ **c)** Sierra Leone.

☐ **d)** Sambia.

31 Wie heißt die einzige Stadt der Welt, die auf zwei Kontinenten liegt?

☐ **a)** Quito.

☐ **b)** Istanbul.

☐ **c)** Kairo.

☐ **d)** Casablanca.

32 In welchem Bundesland liegt das Sauerland?

☐ **a)** Schleswig-Holstein.

☐ **b)** Niedersachsen.

☐ **c)** Rheinland-Pfalz.

☐ **d)** Nordrhein-Westfalen.

33 In welcher Stadt befindet sich die »Spanische Treppe«?

☐ **a)** Madrid.   ☐ **b)** Sevilla.   ☐ **c)** Rom.   ☐ **d)** Paris.

34 Wo verläuft die Beringstraße?

☐ **a)** Verbindung zwischen argentinischem Becken und Südpolarbecken.

☐ **b)** Nördlich der Halbinsel Kola, als nördliche Verbindung zum Weißen Meer.

☐ **c)** Verbindung zwischen Baffin Bay und Labradorsee.

☐ **d)** Sie verbindet Tschuktschensee und Beringmeer.

35 Um welches Land handelt es sich bei der Abbildung?

☐ **a)** Falkland Inseln.

☐ **b)** Japan.

☐ **c)** Neuseeland.

☐ **d)** Bali.

㉚ Lösung c)

Sierra Leone ist ein Küstenstaat an der Westküste Afrikas. Die Hauptstadt Freetown ist gleichzeitig die größte Küstenstadt mit 497 000 Einwohnern.

Die Küstennachbarländer von Sierra Leone sind im Norden *Guinea* mit der Hauptstadt Conakry und im Süden *Liberia* mit der Hauptstadt Monrovia.

㉛ Lösung b)

Istanbul liegt auf europäischem und asiatischem Boden. Der östlich des Bosporus liegende Stadtteil Üsküdar gehört bereits zu Asien.

㉜ Lösung d)

Das Sauerland schließt sich im Osten an das Bergische Land an, wird im Norden durch Möhne und Ruhr begrenzt; im Südosten liegt das Rothaargebirge.

㉝ Lösung c)

Die »Spanische Treppe« führt in Rom zur Kirche Trinità dei Monti.

㉞ Lösung d)

Die Beringstraße, benannt nach dem Dänen *Bering* (1680–1741), verbindet das Kap Prince of Wales (Nordamerika) mit dem Kap Deschnjow (Asien) in Ost-West-Richtung, sowie Tschuktschensee und Beringmeer in Nord-Süd-Richtung.

An dieser Stelle kommen sich die ehemalige Sowjetunion und die Vereinigten Staaten von Amerika mit nur 85 km Entfernung geographisch am nächsten.

Die Verbindung zwischen dem argentinischen Becken und dem Südpolarbecken ist das südlich der Falkland Inseln gelegene *Südpolarbecken*. Nördlich der Halbinsel Kola liegt die *Barentssee*. Die Verbindung zwischen Baffin Bay und Labradorsee südlich von Grönland ist die *Davisstraße*.

㉟ Lösung c)

Es ist Neuseeland, mit der Nord- und Südinsel.

36 Wie heißt Asiens längster Fluß?

☐ **a)** Brahmaputra.

☐ **b)** Mekong.

☐ **c)** Ganges.

☐ **d)** Jangtsekiang.

37 Wie heißt die Hauptstadt Floridas?

☐ **a)** Orlando.

☐ **b)** Miami.

☐ **c)** Atlanta.

☐ **d)** Tallahassee.

38 Wo befindet sich das Atlasgebirge?

☐ **a)** Im Norden Afrikas.

☐ **b)** In Griechenland.

☐ **c)** Südlich des Himalayagebirges.

☐ **d)** In Peru.

39 Der »Zuckerhut« ist das Wahrzeichen welcher Stadt?

☐ **a)** Brüssel.

☐ **b)** Lissabon.

☐ **c)** Rio de Janeiro.

☐ **d)** Montevideo.

㊱ **Lösung d)**

Der Jangtsekiang mit circa 6300 km Länge ist vor dem *Mekong* mit 4500 km Länge und dem *Brahmaputra* mit 2900 km Länge längster Fluß in Asien.

Der *Ganges* mit 2700 km Länge kann bei Hochwasser bis zu 73000 m³ Wasser pro Sekunde führen, der *Jangtsekiang* bringt es dabei auf 80000 m³.

㊲ **Lösung d)**

Die Hauptstadt des 27. Staates der Union, Florida, heißt Tallahassee.

㊳ **Lösung a)**

Im Norden Afrikas durchzieht das Atlasgebirge die Staaten Marokko, Algerien und Tunesien. Beginnend an der Atlantikküste Marokkos, geht es bis zum Golf von Tunis und gliedert sich in sechs Teilbereiche: Hoher Atlas, Mittlerer Atlas, Anti-Atlas, Sahara-Atlas, Tell-Atlas und das Rif.

Durch Peru verlaufen die *Anden*.

㊴ **Lösung c)**

Der »Zuckerhut« ist das Wahrzeichen von Rio de Janeiro. Der 390 m hohe Gipfel kann mit einer Drahtseilbahn erreicht werden. Das zweite Kennzeichen Rios ist die 38 m hohe *Christusstatue* auf dem Corcovadoberg.

Ebenfalls eine Christusstatue besitzt die Stadt *Lissabon*.

Das Wahrzeichen von Brüssel ist das *Atomium* und ein Brunnen mit dem »*Männeke Pis*«.

Gipfel des Corcovado

Pão de Açúcar

40 Welcher neue Staat entstand 1971 durch die Abspaltung von Pakistan?

☐ a) Bhutan.   ☐ b) Taiwan.

☐ c) Laos.   ☐ d) Bangladesch.

41 Wie werden die Ureinwohner Neuseelands genannt?

☐ a) Aborigines.   ☐ b) Maoris.

☐ c) Dayak.   ☐ d) Buren.

42 Ordnen Sie die folgenden Hauptstädte nach der Einwohnerzahl. Die Stadt mit der größten Einwohnerzahl soll am Anfang der Reihe stehen.

☐ a) London – Paris – Rom – Madrid.

☐ b) Paris – Madrid – London – Rom.

☐ c) Rom – Paris – London – Madrid.

☐ d) Paris – London – Madrid – Rom.

43 An welchem Fluß liegt Bremen?

☐ a) Elbe.   ☐ b) Rhein.   ☐ c) Weser.   ☐ d) Alster.

44 Wo liegt Tasmanien?

☐ a) Südlich von Australien.

☐ b) Westlich der Fidschi-Inseln.

☐ c) Südwestlich von Sri Lanka.

☐ d) Nördlich von Venezuela.

45 Wie heißt die Hauptstadt von Kanada?

☐ a) Ottawa.   ☐ b) Toronto.   ☐ c) Montreal.   ☐ d) Quebec.

46 Welcher Forscher erreichte als erster den Südpol?

☐ a) Amundsen.   ☐ b) Scott.

☐ c) Cook.   ☐ d) Rasmussen.

⑩ Lösung d)

Die frühere Provinz Ostpakistan proklamierte am 26. 3. 1971 als Staat Bangladesch ihre Unabhängigkeit von Pakistan. Der Unabhängigkeitserklärung ging ein Bürgerkrieg voraus, der durch die militärische Intervention Indiens zugunsten der Separatisten entschieden werden konnte.

㊶ Lösung b)

Die Ureinwohner Neuseelands nennt man Maoris, die Australiens *Aborigines*.

Die *Dayak* sind eine Sammelbezeichnung für die einheimische Bevölkerung Borneos.

Die *Buren* sind die Nachfahren der in Südafrika siedelnden Holländer.

㊷ Lösung d)

Die genannten Städte haben folgende Einwohnerzahlen (Stand 1995): Paris: 9,3 Mio. London: 6,9 Mio. Madrid: 4,9 Mio. Rom: 2,9 Mio.

㊸ Lösung c)

Bremen liegt an der Weser.

㊹ Lösung a)

Tasmanien ist eine südlich von Australien liegende Insel, die jedoch zu Australien gehört.

Westlich der Fidschi-Inseln in Richtung Australien befinden sich die *Neuen Hebriden* und *Neukaledonien*.

Südwestlich von Sri Lanka liegen die *Malediven.*

Nördlich von Venezuela sind die kleinen *Antillen* mit Grenada, Barbados, Martinique u. a.

㊺ Lösung a)

Die Hauptstadt Kanadas ist mit 920 000 Einwohnern Ottawa. Viel größer sind *Toronto* mit 3,8 Mio. Einwohnern und *Montreal* mit 3,1 Mio. Einwohnern.

㊻ Lösung a)

Amundsen erreichte am 14. 12. 1911 den Südpol, *Scott* am 18. 1. 1912. *Cook* behauptete, 1908 als erster am Nordpol gewesen zu sein. Dies ist jedoch umstritten.

47 Wie heißt die Hauptstadt Hongkongs?

☐ a) Hongkong. ☐ b) Singapur.

☐ c) Victoria. ☐ d) Kowloon.

48 Wie heißt der größte See der Erde?

☐ a) Aralsee. ☐ b) Malawisee.

☐ c) Lake Superior. ☐ d) Kaspisches Meer.

49 In welchem Land liegt der südlichste Punkt Europas?

☐ a) Portugal. ☐ b) Italien.

☐ c) Türkei. ☐ d) Griechenland.

50 Welches afrikanische Land wurde in nebenstehender Abbildung schwarz eingezeichnet?

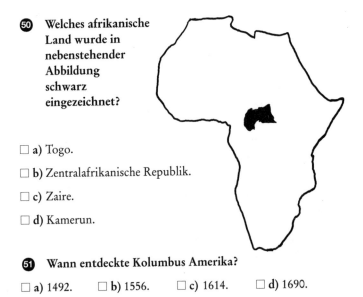

☐ a) Togo.

☐ b) Zentralafrikanische Republik.

☐ c) Zaire.

☐ d) Kamerun.

51 Wann entdeckte Kolumbus Amerika?

☐ a) 1492. ☐ b) 1556. ☐ c) 1614. ☐ d) 1690.

52 Wie viele Einwohner hat die Bundesrepublik Deutschland?

☐ a) 58 Mio. ☐ b) 27 Mio. ☐ c) 81 Mio. ☐ d) 61 Mio.

㊼ **Lösung c)**

Die Hauptstadt Hongkongs heißt Victoria. Sie liegt an der Nordküste der Insel.

Kowloon ist die größte Stadt der Kronkolonie.

㊽ **Lösung d)**

Das Kaspische Meer ist der größte Binnensee der Erde. Mit einer Oberfläche von 371800 km^2 ist er fast 700mal so groß wie der Bodensee. Das Kaspische Meer liegt zum überwiegenden Teil in der früheren UdSSR, sein Südufer bildet die nördliche Grenze des Iran. Der 82 103 km^2 große *Lake Superior* befindet sich in Nordamerika.

Der *Aralsee* ist der viertgrößte Binnensee der Erde. Der *Malawisee* in Ostafrika hat eine Größe von 30 800 km^2.

㊾ **Lösung d)**

Die griechische Insel Gavdos, südlich von Kreta, ist der südlichste Punkt Europas.

Zypern, die östlichste Mittelmeerinsel, liegt zwar noch südlicher, wird jedoch bereits zu Kleinasien gerechnet.

㊿ **Lösung b)**

In der Afrikakarte ist die Zentralafrikanische Republik mit der Hauptstadt Bangui schwarz eingezeichnet.

Das 622 984 km^2 große Land hat eine Bevölkerung von 3,1 Mio. Menschen.

(51) **Lösung a)**

Christopher Kolumbus, genuesischer Seefahrer, unternahm in spanischen Diensten Seefahrten, um die Westpassage nach Indien zu erkunden. Am 12. 10. 1492 landete er auf der Bahamainsel Guanahani. Bei weiteren Fahrten (1493–1496, 1498–1500 und 1502–1504) entdeckte er die Nordküste Südamerikas und die Ostküste Mittelamerikas.

(52) **Lösung c)**

Die Bundesrepublik Deutschland hat eine Einwohnerzahl von 81,3 Mio. Einwohnern, was einer Einwohnerzahl von 228 pro km^2 entspricht.

53 Welche Stadt liegt am weitesten nördlich?

☐ **a)** Braunschweig.

☐ **b)** Moskau.

☐ **c)** Berlin.

☐ **d)** Warschau.

54 Welches ist der höchste noch tätige Vulkan?

☐ **a)** Mount Saint Helens.

☐ **b)** Mayon.

☐ **c)** Cotopaxi.

☐ **d)** Haleakala.

55 Wo befindet sich die Insel Bali?

☐ **a)** Zwischen den Inseln Kalimantan und Sumatra.

☐ **b)** Zwischen den Inseln Java und Lombok.

☐ **c)** Zwischen den Inseln Sulawes und Java.

☐ **d)** Zwischen den Inseln Flores und Sulawes.

56 Wie heißt die frühere Kolonie Deutsch Südwest heute?

☐ **a)** Nauru.

☐ **b)** Simbabwe.

☐ **c)** Namibia.

☐ **d)** Sambia.

53 **Lösung b)**

Die russische Hauptstadt Moskau liegt auf fast 56° nördlicher Breite.

Berlin liegt auf 52° 30', *Warschau* und *Braunschweig* auf 52° 20'.

54 **Lösung c)**

Der 5897 m hohe Cotopaxi in Ecuador ist der höchste noch tätige Vulkan.

Der *Mayon* auf der Philippineninsel Luzon ist 2412 m hoch.

Der 1980 ausgebrochene *Mount Saint Helens,* nordöstlich von Portland (Oregon), war 3220 m hoch und ist nach dem gewaltigen Ausbruch nur noch 2723 m hoch.

Der *Haleakala* auf Maui (Hawaii) ist ein 3055 m hoher erloschener Vulkan.

55 **Lösung b)**

Die zu Indonesien gehörende Insel Bali mit Hauptstadt Denpasar befindet sich zwischen den Inseln Java im Westen und Lombok im Osten. Sie gehört zu den kleinen Sundainseln.

Die früher *Borneo* genannte *Kalimantan-Insel* liegt nördlich von Bali, die früher *Celebes* genannte *Sulawes-Insel* nordöstlich von Bali.

56 **Lösung c)**

Namibia ist der Name für die frühere deutsche Kolonie Deutsch-Südwestafrika. Seit 1968 existiert der Name Namibia.

Simbabwe ist seit der Unabhängigkeit von Großbritannien 1980 der neue Name für Rhodesien.

Sambia, ebenfalls früher in britischem Besitz, ist seit 1964 unabhängig und der neue Name für Nordrhodesien.

Nauru, eine kleine Insel im Westpazifik, war von 1888 bis 1914 deutscher Besitz.

⑤⑦ Wie heißt die Stadt, in der der Nord-Ostseekanal in die Ostsee mündet?

☐ **a)** Eckernförde. ☐ **b)** Kiel.

☐ **c)** Lübeck. ☐ **d)** Flensburg.

⑤⑧ Welches Gebäude zeigt das Photo?

☐ **a)** Oper in Sydney.

☐ **b)** Parlamentsgebäude in Brasilia.

☐ **c)** Kongreßhalle in Berlin.

☐ **d)** Royal Albert Hall in London.

⑤⑨ Wie heißt der größte Ort auf Elba?

☐ **a)** Portoferràio. ☐ **b)** Ajaccio.

☐ **c)** Cagliari. ☐ **d)** Catània.

⑥⓪ Bei welcher großen Stadt liegt Grünwald?

☐ **a)** Berlin. ☐ **b)** Hamburg.

☐ **c)** Düsseldorf. ☐ **d)** München.

㊄⑦ Lösung b)

Der Nord-Ostseekanal beginnt in *Brunsbüttel* kurz vor der Elbmündung in die Nordsee und endet in Kiel-Holtenau.

In *Lübeck* kommen die Trave und der Elbe-Lübeck-Kanal zusammen.

Die *Eckernförder Bucht* liegt nördlich von Kiel, und noch weiter nördlich an der dänischen Grenze liegt die *Flensburger Förde*.

㊄⑧ Lösung c)

Auf der Abbildung ist die Kongreßhalle in Berlin zu sehen. Das zur Interbau 1957 errichtete Gebäude, dessen Dachkonstruktion 1980 zum Teil einstürzte, wird von den Berlinern aufgrund seiner Form auch »Schwangere Auster« genannt.

㊄⑨ Lösung a)

Portoferràio auf Elba ist der Hauptort der Insel.

Ajaccio liegt auf der Mittelmeerinsel Korsika, *Cagliari* auf Sardinien und *Catània* auf Sizilien.

㊅⓪ Lösung d)

Grünwald ist eines der bevorzugten Wohngebiete bei München.

Der Stadtteil *Grunewald* liegt in Berlin.

Fragen:

1 Was versteht man unter RADAR?

☐ **a)** Radio detection and ratification.

☐ **b)** Range measuring equipment during artification.

☐ **c)** Race aircraft director and recaster.

☐ **d)** Radio detection and ranging.

2 Welches der nachfolgenden Teile ist für die Funktion eines Fernsehgerätes besonders wichtig?

☐ **a)** Bildröhre.

☐ **b)** Helligkeitsregler.

☐ **c)** Fernbedienung.

☐ **d)** Antenne.

3 Wie hieß die 1986 verunglückte Raumfähre der Amerikaner?

☐ **a)** Voyager.

☐ **b)** Challenger.

☐ **c)** Enterprise.

☐ **d)** Eagle.

4 Wie wird ein Körper, der Elektrizität nicht leitet, bezeichnet?

☐ **a)** Halbleiter.

☐ **b)** Elektrode.

☐ **c)** Isolator.

☐ **d)** Reflektor.

①   **Lösung d)**

RADAR ist die Abkürzung für »*radio detection and ranging*«, was soviel heißt wie: Ortung mittels elektromagnetischer Wellen.

Bodenradargeräte werden zur Ortung von beweglichen Objekten (Flugzeugen, Schiffen, Fahrzeugen, Personen u.a.) wie auch zur Darstellung von festen Zielen (Geländedarstellung, Wetteranzeige) benutzt.

Man unterscheidet zwischen *Primär-* und *Sekundärradar.* Ersteres basiert auf der Grundlage passiver Rückstrahlung, während beim Sekundärradar die Anfragen vom Boden über ein Antwortgerät an Bord zurück zur Radarantenne geleitet werden.

②   **Lösung a)**

Ohne eine Bildröhre kann derzeit ein Fernsehgerät noch nicht auskommen; es ist aber sehr wohl möglich, einen Fernseher ohne Helligkeitsregler, Fernbedienung und Antenne zu betreiben.

③   **Lösung b)**

Im Februar 1986 verunglückte die amerikanische Raumfähre »Challenger« kurz nach dem Start in Cape Canaveral aufgrund undicht gewordener Dichtungsringe bei den Antriebsraketen.

1981 war das Space-Shuttle-Programm mit dem Start des Raumgleiters »*Columbia*« begonnen worden.

Eagle hieß die Mondlandefähre von Apollo 11, die erstmals 1969 Menschen auf den Mond brachte.

④   **Lösung c)**

Ein Element, das Elektrizität nicht leitet, wird Isolator genannt.

Halbleiter isolieren zwar bei tiefen Temperaturen, leiten jedoch Elektrizität bei höheren Temperaturen. Halbleiter sind meistens kristalline Festkörper.

5 Wer war der Erfinder des Telefons?

☐ a) Samuel Colt.

☐ b) George Stephenson.

☐ c) James Watt.

☐ d) Philipp Reis.

6 Um welchen Flugzeugtyp handelt es sich bei der Abbildung?

☐ a) Boeing 767.

☐ b) Airbus A 340.

☐ c) Boeing 747.

☐ d) McDonnell Douglas MD 11.

7 Wie wird die Zahl 1389 im Binärcode dargestellt?

☐ a) 10101101101

☐ b) 110010101100

☐ c) MCCC L XXXIX

☐ d) 56D

(5) **Lösung d)**

Der deutsche Physiker Philipp Reis hat 1861 den ersten Fernsprecher konstruiert, durch den jedoch die Worte noch mangelhaft übertragen wurden. Daher wird manchmal auch der Amerikaner *Bell* als Erfinder des Telefons genannt, der allerdings erst nach Reis 1876 ein Telefonsystem vorstellte.

Samuel Colt war der Erfinder des Revolvers.

George Stephenson konstruierte die erste Dampflokomotive.

James Watt gilt als der Erfinder der Dampfmaschine.

(6) **Lösung c)**

Beim abgebildeten Luftfahrzeug handelt es sich um eine Boeing 747, auch Jumbo Jet genannt. Im vorderen Teil des Luftfahrzeuges befindet sich die Pilotenkanzel und die erste Klasse im zweiten Stock. Letzteres ist neben den Ausmaßen das deutlichste Kennzeichen des Luftfahrzeugtyps. Spannweite: 59,64 m, Länge: 70,51 m, Erstflug: 1969. Die Boeing 747 existiert mittlerweile in verschiedenen Ausführungen, von der reinen Frachtversion, der gekürzten SP-Version (Länge 56,31 m) bis zur Version 747-400 mit einem gestreckten Oberdeck mit Platz für bis zu 496 Passagiere.

(7) **Lösung a)**

Der Binärcode ist eine wichtige Grundlage für die elektronische Datenverarbeitung. Es gibt nur zwei unterschiedliche Darstellungselemente, die jeweils zu einer Binärentscheidung (ja – nein) führen (Bit). Die Binärdarstellung einer Zahl drückt sich deshalb in nur zwei verschiedenen Zeichen aus.

Jede Zahlenstelle ist eine Potenz von 2:

2^{10}, 2^9, 2^8, 2^7, 2^6, 2^5, 2^4, 2^3, 2^2, 2^1, $2^0=$ 1024, 512, 256, 128, 64, 32, 16, 8, 4, 2, 1.

Die Zahl 1389 läßt sich deshalb darstellen als:

$1 \times 1024 =$	1024	$\rightarrow 1$
$0 \times 512 =$	0	$\rightarrow 0$
$1 \times 256 =$	256	$\rightarrow 1$
$0 \times 128 =$	0	$\rightarrow 0$
$1 \times 64 =$	64	$\rightarrow 1$
$1 \times 32 =$	32	$\rightarrow 1$
$0 \times 16 =$	0	$\rightarrow 0$
$1 \times 8 =$	8	$\rightarrow 1$
$1 \times 4 =$	4	$\rightarrow 1$
$0 \times 2 =$	0	$\rightarrow 0$
$1 \times 1 =$	1	$\rightarrow 1$
	1389	

8 Mit welcher Formel läßt sich die Oberfläche einer Kugel berechnen?

☐ **a)** $2\pi r$ ☐ **b)** $2\pi r^2$ ☐ **c)** $4\pi r^2$ ☐ **d)** $3\pi r$

9 In welcher Maßeinheit werden in der westlichen Welt Höhen in der Luftfahrt gemessen?

☐ **a)** Kilometer.   ☐ **b)** Meter.   ☐ **c)** Fuß.   ☐ **d)** Meilen.

10 Was sind Protonen?

☐ **a)** Elektrisch negativ geladene Elementarteilchen.

☐ **b)** Elektrisch neutrale Elementarteilchen.

☐ **c)** Die kleinsten Teile eines chemischen Elements.

☐ **d)** Positiv geladene Atomteile im Atomkern.

11 Was mißt ein Barometer?

☐ **a)** Luftfeuchtigkeit.   ☐ **b)** Temperatur.

☐ **c)** Licht.   ☐ **d)** Luftdruck.

12 In welcher Maßeinheit wird Leistung gemessen?

☐ **a)** Newton.   ☐ **b)** Pascal.   ☐ **c)** Watt.   ☐ **d)** Hertz.

13 Was ist Halbwertszeit?

☐ **a)** Die halbe Zerfallszeit von radioaktiven Stoffen.

☐ **b)** Zeitraum zur Beschleunigung eines Kraftfahrzeuges auf fünfzig Kilometer pro Stunde.

☐ **c)** Zeitmessung im Rahmen des Elektrokardiogramms (EKD).

☐ **d)** Rechengeschwindigkeit in der Zentraleinheit.

⑧ **Lösung c)**
Zur Berechnung der Kugeloberfläche wird die Formel $4\pi r^2$ verwendet.

⑨ **Lösung c)**
Höhen werden in der westlichen Welt in der Luftfahrt in Fuß gemessen: 1 Fuß = 0,3048 m.
Zwar soll auch hier eine Umstellung auf das metrische System erfolgen, doch da der hiermit verbundene Aufwand (Austausch aller Höhenmesser in den Flugzeugen u. a.) nicht unbeträchtlich ist, wird dies nicht in nächster Zukunft geschehen können.

⑩ **Lösung d)**
Protonen sind positiv geladene Atomteile im Atomkern.
Neutronen sind elektrisch neutrale Elementarteilchen.
Protonen und Neutronen zusammen heißen *Nukleonen.*
Der Atomkern, der aus den Protonen und Neutronen gebildet wird, wird von negativ geladenen Elementarteilchen, den *Elektronen,* umgeben. Das Atom ist als Ganzes elektrisch neutral.

⑪ **Lösung d)**
Das Barometer, zur Messung des Luftdrucks, geht auf eine Entwicklung Toricellis aus dem Jahre 1643 zurück. Eine 76 cm lange Quecksilbersäule hält der Luftsäule vom Meeresniveau bis zur Obergrenze der Atmosphäre das Gleichgewicht. Früher wurde der Luftdruck daher in Millimeter-Quecksilbersäule gemessen und angegeben.
Heute ist die Maßeinheit für Luftdruck *Hektopascal* (hpa).

⑫ **Lösung c)**
Leistung wird in Watt gemessen. *1 W = 1 J/sec.* Die Einheit wurde nach dem englischen Erfinder James Watt genannt.
Kraft wird in *Newton,* Druck in *Pascal* gemessen.
Hertz ist die Maßeinheit für die Frequenz.

⑬ **Lösung a)**
Die Halbwertszeit gibt an, wie lange es dauert, bis die Hälfte einer bestimmten Menge eines radioaktiven Elementes zerfallen ist. Die Halbwertszeit ist für unterschiedliche Elemente verschieden.

⑭ Welche der nachfolgenden Erklärungen von AM ist richtig?

☐ **a)** Bei der Amplitudenmodulation (AM) wird die Momentfrequenz einer Trägerschwingung im Takt einer Modulationsspannung verändert.

☐ **b)** Bei der Amplitudenmodulation werden Informationen über die Dauer der ausgesandten Impulse weitergegeben.

☐ **c)** Die Amplitudenmodulation (AM) ist dadurch gekennzeichnet, daß die Amplitude der Trägerfrequenzspannung im Rhythmus der modulierten Spannung schwankt.

☐ **d)** AM ist die Abkürzung für Amplitudenmodulation. Bei einer mit allen Mitteln stabilisierbaren Frequenz wird die Phase im Takt der Modulationsfrequenz verändert.

⑮ Wer überflog den Atlantik zum ersten Mal in Ost-West-Richtung?

☐ **a)** Fitzmaurice, Köhl und v. Hünefeld.

☐ **b)** Charles Lindbergh.

☐ **c)** Gebrüder Wright.

☐ **d)** Saint-Exupéry.

⑯ Wie heißt die Lösung nachfolgender Rechenaufgabe?

$2^3 + (4{-}1) \times 5{-}7 + (\sqrt{25} \times 4{-}12) : 4 = ?$

☐ **a)** 0   ☐ **b)** 18   ☐ **c)** 7   ☐ **d)** 6

⑭ **Lösung c)**

Unter AM versteht man Amplitudenmodulation. Hier wird die Amplitude im Rhythmus der modulierenden Spannung verändert.

Wenn die Momentfrequenz einer Trägerschwingung im Takt der Modulationsspannung verändert wird, nennt man das *Frequenzmodulation* (FM).

Bei der *Pulsdauermodulation* werden Informationen über die Dauer der ausgesandten Impulse weitergegeben. Verändert sich die Phase einer konstanten Frequenz im Takt der Modulationsfrequenz, so spricht man von *Phasenmodulation.*

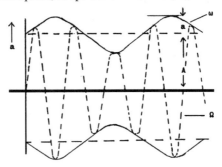

⑮ **Lösung a)**

In Ost-West-Richtung wurde der Atlantik am 12./13. 4. 1928 von H. Köhl, G. Freiherr von Hünefeld und J. Fitzmaurice auf einer Junkers W 33 »Bremen« von Baldonnel bei Dublin nonstop nach Neufundland überflogen.

Am 20./21. 5. 1927 überflog *Charles Lindbergh* auf der RYAN »Spirit of St. Louis« zum ersten Mal nonstop den Atlantik in West-Ost-Richtung von New York nach Paris.

Die *Gebrüder Wright* führten am 17. 12. 1903 den ersten gesteuerten Motorflug durch. *Antoine de Saint-Exupéry*, ein großer Aviatiker und Luftfahrtschriftsteller, kam am 31. 7. 1944 bei einem Aufklärungsflug um.

⑯ **Lösung b)**

Es gilt die Rechenregel Punkt vor Strich, solange nicht durch Klammernsetzung eine andere Reihenfolge vorgegeben wird.

$8 + \ 3 \times 5 - 7 + 8 : 4 =$	18
$8 + 15 - 7 \quad + 2 \quad =$	

17 Was ist ein Plotter?

☐ **a)** Zeichengerät.   ☐ **b)** Laserstrahl in der Chirurgie.

☐ **c)** Handwerksgerät zur Befestigung von Nieten.

☐ **d)** Mikroprozessor zur Steuerung von Fließbandfertigung.

18 Was versteht man unter CPU?

☐ **a)** Compatible product utility.

☐ **b)** Central processing unit.

☐ **c)** Computergesteuerte Programmüberwachung.

☐ **d)** Chronische Pollenüberempfindlichkeit.

19 Wie nennt man die Pariser Untergrundbahn?

☐ **a)** Train rapid.   ☐ **b)** Underground.

☐ **c)** Métro.   ☐ **d)** Subway.

20 Wieviel Grad beträgt die Winkelsumme im Dreieck?

☐ **a)** 90°   ☐ **b)** 270°   ☐ **c)** 180°   ☐ **d)** 360°

21 Wie heißen Zahlen, die nur durch Eins und durch sich selbst teilbar sind?

☐ **a)** Logarithmen.   ☐ **b)** Primzahlen.

☐ **c)** Potenzen.   ☐ **d)** Integrale.

22 Was ist ein Streamer?

☐ **a)** Steuergerät bei der Benzineinspritzung in Fahrzeugmotoren.

☐ **b)** Katalysator.

☐ **c)** Bandgerät zur schnellen Übertragung und Sicherung von digitalisierten Daten.

☐ **d)** Einfahrhilfe bei Schiffsschleusen.

⑰ **Lösung a)**
Der Plotter ist ein Zeichenautomat zum Erstellen von Kurven, Schriften und Einzelpunkten. Er findet in der Schiffsnavigation Anwendung zur Darstellung der Eigenbewegung. Bekannter geworden ist er jedoch bei Datenverarbeitungsanlagen als Ausgabegerät anstelle eines Druckers.

⑱ **Lösung b)**
Die CPU (central processing unit) ist das Herzstück eines Computers. Sie übernimmt die zentrale Ablaufsteuerung und Koordination des gesamten Systems.
Der Zentraleinheit angeschlossen ist das Rechenwerk, der Speicher sowie die peripheren Ein- und Ausgabegeräte.

⑲ **Lösung c)**
Die Pariser Untergrundbahn nennt man Métro *(chemin de fer métropolitain).* Die erste Linie wurde am 19. 7. 1900 eröffnet.
Das größte Untergrund-Bahnnetz der Welt besitzt New York mit einer Länge von rund 450 km.

⑳ **Lösung c)**
Die Winkelsumme im
Dreieck beträgt 180°.

$\alpha + \beta + \gamma = 180°$

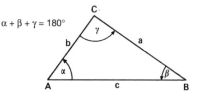

㉑ **Lösung b)**
Primzahlen sind nur durch sich selbst und durch Eins teilbar, z. B: 2, 3, 5, 7, 11 . . .
Potenzen sind Zahlen, die angeben, wie oft eine Zahl mit sich selbst multipliziert wird.
2^7 (gesprochen zwei hoch sieben) bedeutet die siebte Potenz von 2 also $2 \times 2 \times 2 \times 2 \times 2 \times 2 \times 2 = 128$

㉒ **Lösung c)**
Ein Streamer ist ein Bandgerät zur Übertragung von Daten. Er wird in der elektronischen Datenverarbeitung zur Sicherung größerer Datenmengen verwendet. Die Daten werden auf Bänder übertragen, die eine wesentlich höhere Speicherkapazität als Disketten haben.

❷❸ Was ist eine λ-(Lambda)-Sonde?

☐ **a)** Raumschiff.

☐ **b)** Satellit in der Nachrichtentechnik.

☐ **c)** Sensor zur Messung des Sauerstoffanteils im Abgas.

☐ **d)** Fühler bei der Herzgefäßchirurgie.

❷❹ Wann fuhr die erste deutsche Eisenbahn?

☐ **a)** 1835.

☐ **b)** 1907.

☐ **c)** 1825.

☐ **d)** 1830.

❷❺ Wer war der erste Mensch im Weltraum?

☐ **a)** Neil Armstrong.

☐ **b)** Juri Gagarin.

☐ **c)** Wladimir Komarow.

☐ **d)** Alan Shepard.

❷❻ Was versteht man unter Mondfinsternis?

☐ **a)** Die Erde steht zwischen Sonne und Mond.

☐ **b)** Der Mond steht zwischen Sonne und Erde.

☐ **c)** Die Sonne steht zwischen Erde und Mond.

☐ **d)** Die der Erde abgewandte Seite des Mondes.

㉓ Lösung c)

Die Lambda-Sonde ist ein Sauerstoffmeßgerät im Rahmen des Autoabgas-Reinigungssystems mit Hilfe des Dreiwege-Katalysators. Die Lambda-Sonde ist dem eigentlichen Katalysator vorgeschaltet und mißt den Sauerstoffanteil im Abgas. Diese Information wird dem Steuergerät geliefert, das wiederum in Form eines elektronisch gesteuerten Regelkreises die optimale Kraftstoff-Sauerstoffgemisch-Zusammensetzung bestimmt.

㉔ Lösung a)

Die erste deutsche Eisenbahn fuhr am 7. 12. 1835 von Nürnberg nach Fürth.

Die *Locomotion* von George Stephenson fuhr auf einer öffentlichen Eisenbahnstrecke erstmals am 27. 9. 1825 zwischen Darlington und Stockton. Allerdings wurden auf dieser Strecke nur Güter transportiert.

Die erste *Personen-Dampf-Eisenbahn* fuhr 1830 zwischen Manchester und Liverpool.

㉕ Lösung b)

Der erste Mensch im Weltraum war der Sowjetrusse Juri Gagarin (9. 3. 1934–27. 3. 1968). Er umkreiste in einer Wostock-Raumkapsel 1961 als erster Mensch die Erde.

Der erste Amerikaner im Weltall war 1961 *Alan Shepard*.

Komarow, sowjetischer Kosmonaut, kam 1967 mit der Raumkapsel Sojus 1 ums Leben.

Neil Armstrong wurde 1969 durch seine ersten Schritte auf dem Mond bekannt.

㉖ Lösung a)

Eine Mondfinsternis entsteht, wenn der Mond in den Schatten der Erde taucht. Das bedeutet, die Erde steht dann genau zwischen Sonne und Mond.

Man unterscheidet eine *totale Mondfinsternis* von einer *partiellen Mondfinsternis.* Bei einer totalen Mondfinsternis tritt der Mond komplett in den Kernschatten der Erde ein, bei der partiellen Mondfinsternis bleibt ein Teil von ihm im Halbschatten. Selbst bei einer totalen Mondfinsternis bleibt der Mond in einem kupferroten Licht sichtbar. Dies wird durch langwelliges Licht hervorgerufen, das durch Streuung und Beugung in der Erdatmosphäre in den Kernschatten fällt.

27 Wenn Zahnrad 1 nach rechts gedreht wird, dann dreht sich

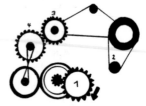

☐ **a)** Rad 2 nach links.

☐ **b)** Zahnrad 3 nach links.

☐ **c)** Zahnrad 4 nach rechts.

☐ **d)** Rad 2 nach rechts.

28 Was versteht man unter einem »induzierten Widerstand«?

☐ **a)** Quotient von Spannung und Stromstärke, zu berechnen nach dem Ohmschen Gesetz.

☐ **b)** An einer Tragfläche entsteht Auftrieb, wenn der Druck auf der Tragflächen-Oberseite geringer ist als an der Tragflächen-Unterseite. Am Flügelende gleicht sich dieser Druckunterschied aus, dadurch entstehen Verwirbelungen.

☐ **c)** Bei Reibung auftretender Widerstand.

☐ **d)** Die Summe aller auftretenden Widerstände ist kleiner als der Widerstand der zusammengefügten Elemente.

29 Wo hat Galilei das Gesetz des Falles erprobt?

☐ **a)** Rom. ☐ **b)** Pisa.

☐ **c)** Florenz. ☐ **d)** Küste bei Civitavecchia.

30 Was versteht man unter CAD?

☐ **a)** Standard zum Herunterladen von Dateien aus dem Internet?

☐ **b)** Computerunterstützte Fertigung?

☐ **c)** Elektronische Sicherheitsbarriere bei Rechnern?

☐ **d)** Konstruktion mittels Computer?

31 Welche Stromquelle versorgt beim Betrieb ein Kraftfahrzeug?

☐ **a)** Motor. ☐ **b)** Lichtmaschine.

☐ **c)** Batterie. ☐ **d)** Zündkerzen.

㉗ Lösung d)

Ineinandergreifende Zahnräder laufen immer gegenläufig. Dies ist auch der Fall, wenn Räder mit glatter Oberfläche, wie zwischen Zahnrad 1 und 4, direkten Kontakt haben. Daher dreht sich bei einer Rechtsdrehung von Zahnrad 1 Zahnrad 4 nach links, Zahnrad 3 nach rechts und Rad 2 nach rechts.

㉘ Lösung b)

Der induzierte Widerstand tritt durch den Druckausgleich und damit verbundenen Verwirbelungen am Tragflügel-Ende bei Flugzeugen auf.

Der Differenzbetrag zwischen der Summe aller auftretenden Widerstände und dem Widerstand der zusammengefügten Elemente heißt *Interferenzwiderstand*.

㉙ Lösung b)

Galileo Galilei (1564–1642) hat am Schiefen Turm von Pisa die Fallgesetze nachgeprüft.

㉚ Lösung d)

CAD steht für Computer Aided Design. Die Konstruktion mittels Computer und entsprechender Softwareprogramme hat in den 80er Jahren begonnen und heute die klassische Konstruktion am Reißbrett nahezu vollkommen abgelöst. Die *computerunterstützte Fertigung* heißt CAM (Computer Aided Manufacturing). FTP (File Transfer Protocol) ist ein *Standard, mit dem via Internet Dateien* von einem Rechner auf den eigenen Computer *heruntergeladen werden* können. Eine Firewall dient als *elektronische Sicherheitsbarriere bei Rechnern*.

㉛ Lösung b)

Die Lichtmaschine, ein Drehstromgenerator, der elektrische Energie für die elektrischen Verbraucher und zum Laden der Fahrzeugbatterie beim Betrieb des Kraftfahrzeuges erzeugt, ist die wichtigste Stromquelle des Autos.

Für das Anlassen des Motors wird Strom der *Batterie* entnommen, bis der Motor läuft; bereits in Leerlaufdrehzahl gibt der Motor jedoch wieder Leistung an die Batterie zum Laden ab.

32 Wer erfand die Kältemaschine?

☐ **a)** Carl von Linde.

☐ **b)** Robert Bosch.

☐ **c)** Werner von Siemens.

☐ **d)** Johannes Gutenberg.

33 Wie groß ist die Winkelsumme im Fünfeck?

☐ **a)** 360°   ☐ **b)** 450°   ☐ **c)** 270°   ☐ **d)** 540°

34 Welches ist der größte Planet in unserem Sonnensystem?

☐ **a)** Pluto.

☐ **b)** Jupiter.

☐ **c)** Saturn.

☐ **d)** Venus.

35 Was ist ein μ-Meter?

☐ **a)** $1 \text{ m} \times 10^5$

☐ **b)** $1 \text{ m} \times 10^{-5}$

☐ **c)** $1 \text{ m} \times 10^{-6}$

☐ **d)** $1 \text{ m} \times 10^{-4}$

36 Welcher Planet umkreist die Sonne auf der innersten Bahn?

☐ **a)** Merkur.

☐ **b)** Venus.

☐ **c)** Mars.

☐ **d)** Erde.

㉜ **Lösung a)**

Im Jahre 1876 erfand der Professor der Maschinenlehre Carl von Linde (1842–1934) die Ammoniak-Kältemaschine mit Kompression.

Johannes Gutenberg wurde bekannt durch seine Erfindung des Buchdrucks mit gegossenen, beweglichen Lettern.

㉝ **Lösung d)**

Die Winkelsumme im Fünfeck beträgt 540°. Ein Fünfeck ist leicht in drei Dreiecke zu unterteilen. Da jedes Dreieck eine Winkelsumme von 180° hat, ergibt dies $3 \times 180 = 540°$.

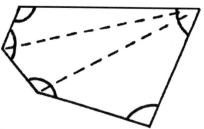

㉞ **Lösung b)**

Der Jupiter ist sowohl der größte als auch massereichste Planet unseres Sonnensystems. Er hat einen Äquatordurchmesser von 142800 km. Das ist 11,2fach soviel wie der Erddurchmesser. Aufgrund seiner großen Entfernung von der Sonne benötigt er für einen Umlauf um die Sonne 11,86 Jahre.

㉟ **Lösung c)**

Hinter einem μ-Meter verbirgt sich die Bezeichnung für einen Mikrometer, der sich mit der Potenz 10^{-6} beschreiben läßt. Diese Maßeinheit findet vor allem im mikroskopischen Bereich Verwendung.

㊱ **Lösung a)**

In unserem Sonnensystem wird die Sonne von insgesamt neun Planeten (deren Monde sind dabei nicht mitgerechnet) umkreist. Es sind dies von innen nach außen: *Merkur, Venus, Erde, Mars, Jupiter, Saturn, Uranus, Neptun und Pluto.*

❸❼ Wer gilt als »Vater« der Atombombe?

☐ a) Ernest Rutherford.

☐ b) Robert Oppenheimer.

☐ c) Robert Kirchhoff.

☐ d) Jean Bernard Foucault.

❸❽ Welches Schiff funkte als erstes »SOS«?

☐ a) Herald of Free Enterprise.

☐ b) Queen Elisabeth I.

☐ c) Titanic.

☐ d) Amoco Cadiz.

❸❾ Wie heißt die Einheit für den elektrischen Widerstand?

☐ a) Ampère.

☐ b) Watt.

☐ c) Ohm.

☐ d) Volt.

❹⓿ Wie viele Liter faßt ein »barrel«?

☐ a) 98 l   ☐ b) 123,5 l   ☐ c) 158,987 l   ☐ d) 173,24 l

❹❶ Was versteht man unter »html«?

☐ a) Eingangsseite einer kompletten Webseite.

☐ b) Verbindung von einer Text- oder Bildstelle auf einer Webseite, die beim Anklicken zu einem anderen Dokument führt.

☐ c) Symbol, das mit der Maus angeklickt werden kann, um ein Programm oder eine Funktion zu aktivieren.

☐ d) Programmiersprache, mit der Dateien auf einer Internet-Webseite formatiert werden können.

(37) **Lösung b)**

Robert Oppenheimer war Leiter des amerikanischen Atom-energie-Projektes und leistete damit die wissenschaftliche Vorarbeit für die Atombombe. Er sprach sich jedoch aus technischen und moralischen Gründen gegen den Bau einer Wasserstoffbombe aus.

Jean Bernard Foucault bewies mit seinen Pendelversuchen (um 1850), daß sich die Erde dreht.

Robert Kirchhoff entwickelte die Spektralanalyse.

(38) **Lösung c)**

Das Notsignal SOS steht für die englischen Begriffe *»Save our souls«* und wird im Notfall von einem Schiff per Funk oder Lichtzeichen abgegeben:

...---... (Dies ist die Morsekodierung von SOS.)

1912 wurde das Notzeichen eingeführt und in demselben Jahr noch von der Titanic gesendet, als diese bei dem Ver-such, für die schnellste Nordatlantik-Überquerung das be-gehrte »Blaue Band« zu erringen, gegen einen Eisberg lief und sank.

(39) **Lösung c)**

Ohm ist die Einheit für den elektrischen Widerstand (Ω). Von dem deutschen Physiker Georg Simon Ohm (1789–1854) wurde das nach ihm benannte Ohmsche Gesetz aufgestellt. Danach ist die Spannung U gleich dem Wider-stand R mal der Stromstärke I:

$U = R \times I$.

(40) **Lösung c)**

Ein »barrel«, amerikanisches Maß für Erdöl, entspricht 158,987 l.

(41) **Lösung d)**

html steht für »Hypertext Markup Language« und ist eine Programmiersprache, mit der Dateien auf einer Internet-Web-seite formatiert werden können. Die *Homepage* ist die Ein-gangsseite einer kompletten Webseite. Die Verbindung von einer Text- oder Bildstelle auf einer Webseite, die beim Anklicken zu einem anderen Dokument führt, nennt man *Hyperlink. Icon* wird das Symbol genannt, das mit der Maus angeklickt werden kann, um ein Programm oder eine Funk-tion zu aktivieren.

42 Ist Josef Ressel

☐ a) der Erfinder der Schiffsschraube?

☐ b) der Erfinder der Batterie?

☐ c) der Erfinder der hydraulischen Presse?

☐ d) der Erfinder des Elektromotors?

43 Mit welcher Formel wird die Oberfläche eines Würfels berechnet?

☐ a) a^3

☐ b) G x h

☐ c) $6 \times a^2$

☐ d) a^2 x h

a	= Seitenlänge
G	= Grundfläche
h	= Höhe

44 In welcher Einheit wird Lärm gemessen?

☐ a) Phon.

☐ b) Dezibel.

☐ c) Hertz.

☐ d) Watt.

45 Wann wurde der Suezkanal eröffnet?

☐ a) 1869.   ☐ b) 1967.   ☐ c) 1854.   ☐ d) 1956.

46 Entschlüsseln Sie die nachfolgende römische Zahl:

MDCCLXXIX

☐ a) 17129   ☐ b) 1779   ☐ c) 1749   ☐ d) 714

47 Aus wie vielen bit besteht ein byte?

☐ a) Zwei.   ☐ b) Vier.   ☐ c) Acht.   ☐ d) Zehn.

㊷ **Lösung a)**

Der Österreicher Josef Ressel (1793–1857) erfand 1826 die Schiffsschraube.

Die Batterie wurde 1800 von *Alessandro Volta* erfunden; die hydraulische Presse wurde 1795 von dem Engländer *Joseph Bramah* entwickelt. Als Erfinder des elektromagnetischen Motors 1834 gilt der Physiker *Moritz von Jacobi*.

㊸ **Lösung c)**

Die Oberfläche einer Seitenfläche eines Würfels wird mit a^2 berechnet. Da der Würfel sechs Seiten hat, errechnet sich die Gesamtoberfläche mit $6 \times a^2$. Das Volumen des Würfels berechnet man mit a^3.

㊹ **Lösung b)**

Die offizielle Maßeinheit für Lärm ist Dezibel *(dB)*.

Das *Phon* ist lediglich eine subjektiv empfundene Lautstärke, die sich nur in den vom Menschen wahrnehmbaren Lautstärkebereichen bewegt.

Hertz ist die Maßeinheit für die Frequenz.

In *Watt* wird die physikalische Leistung gemessen.

㊺ **Lösung a)**

Der Suezkanal wurde von 1859 bis 1869 unter der Leitung von F. v. Lesseps, einem französischen Diplomaten und Ingenieur, erbaut. Der Suezkanal hat eine Länge von insgesamt 171 km. Die Verstaatlichung des Kanals 1956 durch den ägyptischen Präsidenten Nasser löste den Suez-Krieg aus.

㊻ **Lösung b)**

Die römische Zahl MDCCLXXIX entspricht 1779.

M = 1000	L = 50
D = 500	X = 10
C = 100	I = 1

㊼ **Lösung c)**

Ein byte besteht aus 8 bit. Bit ist die Abkürzung für Binärzeichen in der elektronischen Datenverarbeitung. Ein bit kann entweder eine positive Spannung haben (= *L*) oder keine Spannung besitzen (= *0*). Ein bit ist eine Alternativentscheidung zwischen *0* und *L*.

48 Wie oft kann ein Kreis ein Dreieck schneiden?

☐ **a)** Zweimal.

☐ **b)** Zweimal und viermal.

☐ **c)** Einmal.

☐ **d)** Zweimal, viermal und sechsmal.

49 Welche Aufgabe hat das Forschungsinstitut DESY?

☐ **a)** Koordinierung und Durchführung europäischer Weltraum-projekte.

☐ **b)** Vermessung des Meeres, Erstellung von Karten, Förderung der Seeschiffahrt.

☐ **c)** Koordinierung für Krebsforschung in der Bundesrepublik.

☐ **d)** Grundlagenforschung auf dem Gebiet der Hochenergie und Elementarteilchen.

50 Welches Autokennzeichen hat Finnland?

☐ **a)** SU   ☐ **b)** FI   ☐ **c)** FIN   ☐ **d)** SF

51 Welchen Namen trug das deutsche Luftschiff, das in Lakehurst bei einem mißglückten Landemanöver in Flammen aufging?

☐ **a)** Graf Zeppelin.

☐ **b)** Hindenburg.

☐ **c)** LZ 130.

☐ **d)** Hamburg.

48 **Lösung d)**

Ein Dreieck kann von einem Kreis zweimal, viermal und sechsmal geschnitten werden.

49 **Lösung d)**

Die Abkürzung DESY steht für Deutsches Elektronen-Synchrotron. Es handelt sich dabei um eine Großforschungseinrichtung, die sich mit der Erforschung von Elementarteilchen befaßt. Kernstück der Anlage ist ein Beschleuniger, der Elementarteilchen (z. B. Elektronen und Protonen) auf hohe Energien beschleunigt. Die Teilchen werden im Synchrotron (Beschleuniger) auf einem Kreis durch ein Magnetfeld geführt und gewinnen auf Beschleunigungsstrecken an Energie. Die Koordinierung und Durchführung europäischer Weltraumprojekte obliegt der *ESA* (European Space Agency).

Das *Deutsche Hydrographische Institut* hat sich die Erforschung der Naturverhältnisse der Meere und die Förderung der Seeschiffahrt zur Aufgabe gemacht.

Der Krebsforschung widmet sich in der Bundesrepublik das *Deutsche Krebsforschungsinstitut.*

50 **Lösung d)**

Das finnische Autokennzeichen, entsprechend dem *D* für Deutschland, ist *SF.*

51 **Lösung b)**

LZ 129 »Hindenburg« fiel am 6. 5. 1937 in Lakehurst einer Brandkatastrophe zum Opfer. Das Luftschiff war bei der Landung, als eine Böe das Schiff gegen den Landungsmasten drückte. Das mit Wasserstoff gefüllte Luftschiff stand sofort in Flammen. 35 Menschen kamen ums Leben. Da kein Helium als unbrennbares Gas zur Verfügung stand, mit dem die Luftschiffe wesentlich sicherer hätten fahren können, wurde die Luftschiffahrt eingestellt und das Nachfolgeluftschiff LZ 130 »Graf Zeppelin II« wieder abgewrackt.

52 Was versteht man unter UHF bei Radio und Fernsehen?

☐ **a)** Dezimeterwellen.

☐ **b)** Mittelwellen.

☐ **c)** Zentimeterwellen.

☐ **d)** Kurzwellen.

53 Was ist ein Feuerschiff?

☐ **a)** Schiff, auf dem ein Brand ausgebrochen ist und das SOS funkt.

☐ **b)** Rettungsboot der Seewacht.

☐ **c)** Schwimmendes Seezeichen als Orientierungshilfe für die Schiffahrt.

☐ **d)** Zerstörer der Kriegsmarine.

54 Wieviel Speicherkapazität hat ein 4-Mega-Chip?

☐ **a)** Inhalt von 250 Schreibmaschinenseiten.

☐ **b)** Inhalt von 50 Schreibmaschinenseiten.

☐ **c)** Inhalt von 4 Schreibmaschinenseiten.

☐ **d)** Inhalt von 40 Schreibmaschinenseiten.

55 Wie nennt man den Glühfaden in der Glühlampe?

☐ **a)** Wendel. ☐ **b)** Osram.

☐ **c)** Hitzdraht. ☐ **d)** Glühkopf.

56 Welchen Namen hat dieses Werkzeug?

☐ **a)** Sechskant-Stiftschlüssel.

☐ **b)** Hohlsteckschlüssel.

☐ **c)** Rollgabelschlüssel.

☐ **d)** Inbusinnenschlüssel.

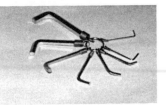

(52) **Lösung a)**

Die Abkürzung UHF steht für *ultra high frequency.* Es handelt sich um Wellen mit einer Länge von 1 bis 10 dm (Dezimeterwellen).

Ultrakurzwellen (*VHF – very high frequency)* arbeiten in einem Frequenzband von 30 bis 300 MHz und einer Wellenlänge von 1 bis 10 m.

(53) **Lösung c)**

Ein Feuerschiff ist ein bemanntes Schiff, das, mit Signalkörpern und Funkfeuer ausgestattet, der Schiffahrt Navigationshilfen an gefährlichen Stellen gibt. Das letzte Feuerschiff in der Bundesrepublik wurde 1988 außer Dienst gestellt. Die Funktionen werden heute von auf Grund stehenden Türmen in Form von Leuchtbaken und Funkfeuern wahrgenommen.

(54) **Lösung a)**

Der 4-Mega-Chip hat auf einer Fläche von 90 mm² Speicherkapazität für 4 Mio. Bit. Dies entspricht dem Inhalt von circa 250 Schreibmaschinenseiten.

(55) **Lösung a)**

Der Glühfaden in einer Glühlampe wird Wendel oder auch Leuchtdraht genannt. Der bis zu einem Meter lange Draht ist schraubenförmig aufgewickelt, was zu einer Reduzierung der wärmeleitenden Oberfläche führt und damit die Lichtausbeute erhöht.

Ein *Hitzdraht* ist ein beheizter Draht, mit dessen Hilfe die benötigte Luftmasse bei der Benzineinspritzung im Pkw gemessen werden kann.

(56) **Lösung a)**

Auf der Abbildung sind acht Sechskant-Stiftschlüssel in verschiedenen Größen gezeigt. Die Schlüssel werden benötigt, um Innensechskantschrauben, auch als *Inbusschrauben* bezeichnet, festzuziehen oder zu lösen.

Der *Hohlsteckschlüssel* dient zum Festigen oder Lösen von Sechskantschrauben.

57 Mit welchem Antrieb fahren in Brasilien circa 10% der Pkws?

☐ a) Elektrobatterien.

☐ b) Propangas.

☐ c) Kerosin.

☐ d) Äthanol.

58 Mit welcher Kraft muß an dem rechts außen angebrachten Gewicht gezogen werden, damit die Waage im Gleichgewicht bleibt?

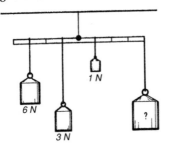

☐ a) 3 N   (N = Newton = Maßeinheit der Kraft)

☐ b) 4 N

☐ c) 5 N

☐ d) 6 N

59 In welcher Einheit wird die Lichtstärke gemessen?

☐ a) Watt.   ☐ b) Volt.   ☐ c) Ampère.   ☐ d) Candela.

60 Was ist $(a + b)^4$?

☐ a) $a^3 + 3\,a^2b + 3\,ab^2 + b^3$

☐ b) $(a^2 + 2\,ab + b^2)^2$

☐ c) $a^4 + 4a^3b + 4a^2b^2 + 4ab^3 + b^4$

☐ d) $a^4 + 4\,ab + b^4$

㊗ **Lösung d)**

Äthylalkohol, auch Äthanol genannt, entsteht bei der Gärung von Zuckerrohr. Da Brasilien über große Anbauflächen von Zuckerrohr verfügt und dieser Treibstoff neben der besseren Umweltverträglichkeit auch billiger als Benzin ist, wurden noch 1990 ca. 30% aller Autos in Brasilien mit dem Äthylalkohol betrieben; 1995 waren es 10%. Die Auspuffgase der Alkoholautos riechen süßlich.

㊙ **Lösung c)**

Bei der Berechnung der Kraft wird das Gewicht mit dem Hebelarm multipliziert.

Für die auf der linken Seite der Waage wirkenden Kräfte bedeutet dies:

Auf der rechten Seite wirkt bisher das innere Gewicht mit

$$6\,N \times 3 = 18$$
$$+\,3\,N \times 1 = \ \ 3$$
$$\overline{\,21}$$

$$1\,N \times 1 = 1$$
$$+\,X\,N \times 4 = ?$$

Um auch auf eine Summe von 21 zu kommen, um damit die Waage im Gleichgewicht zu halten, muß das rechte äußere Gewicht mit einer Kraft von 5 N nach unten ziehen.

㊾ **Lösung d)**

Die Lichtstärke wird in Candela *(cd)* gemessen.
Watt ist die Einheit für Leistung.
Volt gibt die Spannung an.
Ampère ist die Einheit für elektrische Stromstärke.

㊿ **Lösung b)**

Die binomische Formel $(a + b)^4$ wird aufgelöst als

$$(a + b)^2 \times (a + b)^2 =$$
$$(a^2 + 2ab + b^2) \times (a^2 + 2ab + b^2) =$$
$$(a^2 + 2ab + b^2)^2$$

Ganz aufgelöst ergibt sich folgendes Ergebnis:

$$a^4 + 2a^3b + a^2b^2 + 2a^3b + 4a^2b^2 + 2ab^3 + a^2b^2 + 2ab^3 + b^4 =$$
$$a^4 + 4a^3b + 6a^2b^2 + 4\,ab^3 + b^4$$

IV. NATUR – BIOLOGIE – CHEMIE – MEDIZIN

Fragen:

1 Was ist Hämoglobin?

☐ **a)** Hormon, das den Herzschlag beschleunigt, Darmbewegungen hemmt und Blutgefäße verengt.

☐ **b)** Blutfarbstoff.

☐ **c)** Hormon der Bauchspeicheldrüse.

☐ **d)** Knotenförmige Erweiterung der Mastdarmvenen.

2 Was versteht man unter Sublimation?

☐ **a)** Die Aggregatzustandsänderung von Flüssig zu Fest.

☐ **b)** Die Aggregatzustandsänderung von Gasförmig zu Flüssig.

☐ **c)** Die Aggregatzustandsänderung von Fest zu Gasförmig.

☐ **d)** Die Aggregatzustandsänderung von Gasförmig zu Fest.

3 Welches ist das größte Säugetier?

☐ **a)** Elefant. ☐ **b)** Wal. ☐ **c)** Nilpferd. ☐ **d)** Walroß.

4 Welcher der folgenden Begriffe ist kein internationales Schutzzeichen des Sanitätsdienstes?

☐ **a)** Rotes Kreuz ☐ **b)** Roter Halbmond.

☐ **c)** Roter Löwe und Sonne. ☐ **d)** Roter Hammer.

5 Wofür steht die Abkürzung AIDS?

☐ **a)** Aircraft integrated data system.

☐ **b)** Anti immunity defense syndrome.

☐ **c)** Aquired immune deficiency syndrome.

☐ **d)** Anti immunity deficiency syndrome.

Lösungen:

① **Lösung b)**
Hämoglobin ist der Blutfarbstoff *(Hb)* aus dem Eiweiß Globin und dem rotgefärbten Häm.
Adrenalin ist das den Herzschlag beschleunigende Hormon.
Das Hormon der Bauchspeicheldrüse heißt *Insulin,* dessen Mangel zu Diabetes (Zuckerkrankheit) führt.
Knotenförmige Erweiterungen der Mastdarmvenen werden *Hämorrhoiden* genannt.

② **Lösung c)**
Sublimation ist der Übergang eines festen Stoffes unmittelbar in den gasförmigen Zustand.
Der Übergang von Gasförmig zu Flüssig heißt *Kondensation,* von Flüssig zu Fest *Gefrieren.*
Verdunstung nennt man die Zustandsänderung von Flüssig zu Gasförmig.
Nicht zu verwechseln mit *Sublimierung:* Begriff aus der Psychologie, der die Umwandlung unbewußter sexueller Impulse in Leistungen bezeichnet.

③ **Lösung b)**
Die größten Säugetiere sind die Wale. Der Blauwal erreicht eine Länge von bis zu 30 m und ein Gewicht von rund 100 t.

④ **Lösung d)**
Internationale Schutzzeichen des Sanitätsdienstes sind das Rote Kreuz, der Rote Halbmond in islamischen Ländern (Türkei und Teilen der früheren UdSSR), der Rote Löwe und Sonne (Iran), die Rote Sonne (Japan). Der Rote Davidstern in Israel ist jedoch nicht international anerkannt. Der *Rote Hammer* ist kein Schutzzeichen des Sanitätsdienstes.

⑤ **Lösung c)**
AIDS bedeutet *aquired immune deficiency syndrome.* Die seit 1980 bekannte Krankheit verläuft fast immer tödlich. Die Zahl der Kranken steigt kontinuierlich, ohne daß bisher eine wirksame Behandlungsmethode entdeckt wurde. Man geht derzeit von 18 Mio. HIV-infizierten Menschen aus.

❻ Was versteht man unter Epizentrum?

☐ **a)** Zentrum einer Epidemie.

☐ **b)** Magma-Ansammlungen in sehr großer Tiefe.

☐ **c)** Geologischer Ausdruck, der die obere Tiefenzone bei der Metamorphose der Gesteine beschreibt.

☐ **d)** Ort stärkster Bewegung an der Erdoberfläche bei einem Erdbeben.

❼ Ist Angina Pectoris

☐ **a)** Mandelentzündung?

☐ **b)** Hirnhautentzündung?

☐ **c)** Schwund des Nervengewebes?

☐ **d)** Verengung der Herzkranzgefäße?

❽ Was ist ein Kokon?

☐ **a)** Fruchtfleisch einer Kokosnuß.

☐ **b)** Eine Hülle aus Drüsensekret, mit der sich Insektenlarven beim Verpuppen umgeben, mit der aber auch Eigelege geschützt werden.

☐ **c)** Eine kugelförmige Bakterie.

☐ **d)** Eine Schmetterlingslarve, die sich später in eine Puppe verwandelt, aus der dann ein Schmetterling hervorgeht.

❾ Was ist ein Heuler?

☐ **a)** Die Reflexion eines Donnerschlags.

☐ **b)** Ein winselnder Hund, der um Futter bettelt.

☐ **c)** Lockruf eines männlichen Albatrosses während der Paarungszeit.

☐ **d)** Verlassenes oder verirrtes Seehundjunges.

(6) **Lösung d)**

Epizentrum ist der Ort, an dem an der Erdoberfläche bei einem Erdbeben die stärksten Bewegungen registriert werden.
Die Magma-Ansammlungen in sehr großer Tiefe werden bei einem Vulkan als *Vulkanherd* bezeichnet.
Die *Epizone* spielt bei der Umwandlung der Gesteine (Metamorphose) eine Rolle.

(7) **Lösung d)**

Mit Angina Pectoris bezeichnet man eine Herzkrankheit, die auf unzureichender Versorgung des Herzens mit Sauerstoff beruht. Ursache dafür ist eine Verengung der Herzkranzgefäße, die sich dem wechselnden Blut- und Sauerstoffbedarf des Herzens nicht mehr anpassen können.
Eine Mandelentzündung wird als *Angina* bezeichnet.
Der Schwund des Nervengewebes ist eine Erkrankung des Nervensystems und heißt *Multiple Sklerose*.

(8) **Lösung b)**

Ein Kokon ist eine Hülle aus Drüsensekret, mit der sich Insektenlarven umgeben oder Eigelege geschützt werden. Das Wort Kokon ist aus dem Französischen abgeleitet und heißt dort soviel wie »*Eierschale*«. Bei den Spinnen ist diese Schutzhülle aus etwa 3000 bis 4000 Fäden aufgebaut. Bei Regenwürmern dient der Kokon als Schutz der Eigelege.
Das Fruchtfleisch einer Kokosnuß wird als *Samenfleisch* bezeichnet.
Die Larve eines Schmetterlings heißt *Raupe*.

(9) **Lösung d)**

Ein Heuler ist ein verlassenes oder verirrtes Seehundjunges, das nicht in der Lage ist, alleine zu überleben. Die Tragzeit für ein Seehundjunges beträgt fast ein Jahr.

⑩ Was versteht man unter Dialyse?

☐ a) Untersuchung eines Gegenstands oder Sachverhalts durch Zergliederung und Bewertung seiner Teilaspekte.

☐ b) Ermittlung eines Krankheitbefundes durch den Arzt.

☐ c) Verfahren bei eingeschränkter Nierenfunktion zur Ausscheidung von giftigen Stoffen aus dem Blutkreislauf.

☐ d) Verfahren zur künstlichen Herstellung von Diamanten.

⑪ Was ist der Hauptbestandteil der Sonne?

☐ a) Helium.

☐ b) Stickstoff.

☐ c) Wasserstoff.

☐ d) Uran.

⑫ Wo wird Insulin produziert?

☐ a) In der Niere.

☐ b) In der Leber.

☐ c) Im Kehlkopf.

☐ d) In der Bauchspeicheldrüse.

⑬ Was sind Neuronen?

☐ a) Positiv geladene Atomteile im Atomkern.

☐ b) Elektrisch neutral geladene Elementarteilchen.

☐ c) Nervenzellen.

☐ d) Störungen des Verhaltens und des Erlebens.

⑩ **Lösung c)**

Die Dialyse ist ein technisches Hilfsmittel zur Trennung von Stoffen mit unterschiedlichem molekularem Aufbau. Wichtiges Einsatzgebiet der Dialyse ist die »künstliche Niere«, bei der außerhalb des menschlichen Körpers die Ausscheidung von giftigen Stoffen aus dem Blutkreislauf sichergestellt werden kann und damit ein Ausgleich der eingeschränkten Nierenfunktion ermöglicht wird.

Die Untersuchung eines Sachverhalts durch Zergliederung in Teilaspekte heißt *Analyse*.

Die Ermittlung eines Krankheitsbefunds erfolgt über eine *Diagnose*.

Mit der *Diamantsynthese* können Diamanten künstlich hergestellt werden.

⑪ **Lösung c)**

Die Sonne besteht aus circa 75% Wasserstoff, 23% Helium und 2% schweren Elementen.

Der Hauptbestandteil unserer Luft ist *Stickstoff.*

⑫ **Lösung d)**

Insulin ist ein Hormon, das in der Bauchspeicheldrüse gebildet wird. Es hat blutzuckersenkende Wirkung und beeinflußt damit den gesamten Stoffwechsel. Wird Insulin nicht ausreichend vom Körper gebildet, führt dies zur sogenannten Zuckerkrankheit *(Diabetes mellitus).*

⑬ **Lösung c)**

Neuronen sind Nervenzellen, die mit ihren Fortsätzen das Nervensystem bei Mensch und Tier bilden.

Positiv geladene Atomteile im Atomkern sind *Protonen*.

Die elektrisch neutralen Bestandteile des Atomkerns sind *Neutronen*.

Psychische Verhaltensstörungen werden als *Neurosen* bezeichnet.

14 **Was sind Spurenelemente?**

☐ a) Nährstoffe, die nur in geringer Menge benötigt werden.

☐ b) Einzellige Lebewesen.

☐ c) Pflanzen, die sich durch Sporen vermehren.

☐ d) Bestandteile, aus denen sich Fährten zusammensetzen.

15 **Was versteht man unter einer Synapse?**

☐ a) Plötzlich auftretender vorübergehender Bewußtseinsverlust.

☐ b) Das Zusammenspiel verschiedener Organe zu einer Gesamtleistung.

☐ c) Verbindungsstelle zwischen Nervenzellen oder einer Nervenzelle und einem Organ zur Übertragung einer Erregung.

☐ d) Krankheitszeichen.

16 **Was sind Proteine?**

☐ a) Aus Aminosäuren aufgebaute Eiweißkörper.

☐ b) Künstlicher Ersatz eines amputierten Körperteils.

☐ c) Enzyme des Magensafts.

☐ d) Hormone.

17 **Was verbirgt sich hinter dem Begriff Biotop?**

☐ a) Gas, das sich aus Kuhmist bildet.

☐ b) Untersuchung von Material, das dem lebenden Organismus entnommen ist.

☐ c) Getreidesilo.

☐ d) Ein durch bestimmte Pflanzen und Tiere gekennzeichneter Lebensraum.

18 **Was ist das chemische Zeichen für Gold?**

☐ a) Ag   ☐ b) Au   ☐ c) Go   ☐ d) Gd

⑭ **Lösung a)**

Spurenelemente sind sogenannte Mikro-Nährstoffe für Menschen, Tiere und Pflanzen, die zwar nur in geringen Mengen benötigt werden, jedoch lebensnotwendig sind. Spurenelemente sind zum Beispiel Eisen, Magnesium, Mangan und Fluor.

⑮ **Lösung c)**

Synapsen können als »Rechenzentren« des Nervensystems bezeichnet werden, da sie die Übertragungsstellen für Erregungen zwischen den Nervenzellen sind und damit das Ruhepotential der Nervenzellen bestimmen.

Ein plötzlich auftretender Bewußtseinsverlust wird in der Medizin *Synkope* genannt.

Synergie bezeichnet das harmonische Zusammenwirken verschiedener Kräfte oder Organe zu einer Gesamtleistung, wie zum Beispiel das Zusammenspiel der verschiedenen Muskeln bei einer Bewegung.

Ein Krankheitszeichen ist ein *Symptom.*

⑯ **Lösung a)**

Proteine sind aus Aminosäuren aufgebaute Eiweißkörper und sind das wichtigste Baumaterial für den tierischen und menschlichen Körper. Als Bestandteil aller Enzyme regeln sie die Stoffwechselvorgänge im Körper.

Eine *Prothese* ist der künstliche Ersatz eines amputierten Körperteils.

Das *Pepsin* ist ein eiweißspaltendes Enzym des Magensafts.

⑰ **Lösung d)**

Ein Biotop ist eine Lebensstätte, die die wesentlichen Wirkungsfaktoren für bestimmte Pflanzen und Tiere bietet.

Die aus Kuhmist gewonnene Energie ist *Biogas.*

Unter einer *Biopsie* versteht man die Untersuchung von Material, das dem lebenden Organismus entnommen wurde.

⑱ **Lösung b)**

Gold ist ein weiches, außerordentlich dehn- und walzbares Edelmetall, das im Periodensystem der Elemente mit *Au* (aus dem Lateinischen: *aurum*) abgekürzt wird.

Das Zeichen für Silber ist *Ag.*

19 Hat Platin einen Schmelzpunkt von

☐ **a)** 1063 Grad Celsius?

☐ **b)** 1455 Grad Celsius?

☐ **c)** 1774 Grad Celsius?

☐ **d)** 3380 Grad Celsius?

20 Wie heißt die Linie des größten Erdumfangs?

☐ **a)** Null-Meridian.

☐ **b)** Breitenkreis.

☐ **c)** Längenkreis.

☐ **d)** Äquator.

21 Was ist ein Sulfat?

☐ **a)** Salz des Schwefelwasserstoffs.

☐ **b)** Spaltprodukt des Eiweißabbaus.

☐ **c)** Salz der Schwefelsäure.

☐ **d)** Salz der Phosphorsäure.

22 Was ist ein Ammonshorn?

☐ **a)** Versteinerter Kopffüßler.

☐ **b)** Hirschgeweih.

☐ **c)** Schiffssirene.

☐ **d)** Huftier.

⑲ **Lösung c)**

Platin hat einen Schmelzpunkt von 1774 Grad Celsius; der von *Gold* liegt bei 1063 Grad Celsius, von *Nickel* bei 1455 Grad Celsius und von *Wolfram* bei 3380 Grad Celsius.

⑳ **Lösung d)**

Der Äquator mißt einen Erdumfang von 40075 km.

Die *Meridiane* (Längenkreise), darunter auch der Null-Meridian bei Greenwich in Großbritannien, haben aufgrund der Erdabplattung am Nord- und Südpol nur eine Länge von 40008 km.

Die *Breitenkreise* nehmen parallel zum Äquator nach Norden und Süden in ihrer Länge ab. Der Äquator ist auch der längste Breitenkreis.

Äquator

Breitenkreise   Längenkreise (Meridiane)

㉑ **Lösung c)**

Unter Sulfat versteht man das Salz der Schwefelsäure.

Sulfit ist das Salz des Schwefelwasserstoffs, *Phosphat* das Salz der Phosphorsäure.

Das Spaltprodukt des Eiweißabbaus nennt man *Peptid*.

㉒ **Lösung a)**

Das Ammonshorn ist ein ausgestorbenes Meerestier aus der Gruppe der Kopffüßler. Die Ammonshörner, auch *Ammoniten* genannt, sind Versteinerungen aus der Kreidezeit.

23 **Was sind Isobaren?**

☐ **a)** Linien gleicher Höhe auf einer Karte.

☐ **b)** Linien gleichen Luftdrucks.

☐ **c)** Linien, die Orte gleicher Windrichtung verbinden.

☐ **d)** Linien gleicher Niederschlagsmenge.

24 **Auf welchem Grundstoff baut sich die organische Chemie auf?**

☐ **a)** Kohlenstoff.

☐ **b)** Wasserstoff.

☐ **c)** Sauerstoff.

☐ **d)** Stickstoff.

25 **Wie bezeichnet man den Zeitraum, in dem der Homo Heidelbergensis gelebt hat?**

☐ **a)** Günz-Eiszeit.   ☐ **b)** Mindel-Eiszeit.

☐ **c)** Riß-Eiszeit.   ☐ **d)** 1. Zwischeneiszeit zwischen Günz- und Mindel-Eiszeit.

26 **In welchem Organ werden die weißen Blutkörperchen gebildet?**

☐ **a)** Milz.   ☐ **b)** Leber.

☐ **c)** Nebenniere.   ☐ **d)** Schilddrüse.

27 **Was ist eine Thrombose?**

☐ **a)** Krebsgeschwür.

☐ **b)** Infektionskrankheit der Lunge.

☐ **c)** Gefäßverengung durch Blutgerinnsel.

☐ **d)** Trichinenkrankheit.

㉓ **Lösung b)**

Isobaren sind Linien gleichen Luftdrucks.

Linien gleicher Höhe auf einer Karte nennt man *Isohypsen*.

Isogonen sind Linien, die Orte gleicher Windrichtung miteinander verbinden.

Unter *Isohyeten* versteht man Linien, die Orte gleicher Niederschlagsmenge in einem bestimmten Zeitabschnitt miteinander verbinden.

㉔ **Lösung a)**

Grundbaustein für sämtliche organischen Verbindungen ist das Kohlenstoffatom. Es ist damit Bestandteil aller Kohlenhydrate, Fette und Eiweiße.

㉕ **Lösung d)**

Der Homo Heidelbergensis, der 1907 in Mauer bei Heidelberg gefunden wurde, hat von ca. 540000 bis 480000 v. Chr. gelebt. Dies ist die 1. Zwischeneiszeit, zwischen der Günz- und der Mindel-Eiszeit.

㉖ **Lösung a)**

Die weißen Blutkörperchen, auch *Leukozyten* genannt, werden in der Milz gebildet. Die weißen Blutkörperchen helfen bei der Entgiftung des Blutes und übernehmen damit eine wichtige Abwehrfunktion.

Die *Schilddrüse* mit ihren Hormonen regelt die Stoffwechselvorgänge und den Energieumsatz sowie den Calcium- und Phosphathaushalt im menschlichen Körper. Die *Leber* bildet das Gallensekret, speichert Eiweiß und Kohlenhydrate und spielt eine wesentliche Rolle beim Stickstoffumsatz des Körpers, also der Bildung von Harnstoff und Harnsäure.

㉗ **Lösung c)**

Die Verengung beziehungsweise Verstopfung der Blutgefäße durch Blutgerinnsel (Thromben) wird als Thrombose bezeichnet. Thrombosen entstehen meistens in den Venen im Bereich der Beine und des Beckens.

Eine Krebsgeschwulst ist ein *Tumor*. Die *Tuberkulose* ist eine Infektionskrankheit, die vorwiegend im Bereich der Lunge auftritt. Eine *Trichinenkrankheit* (Wurmerkrankung) wird im medizinischen Sprachgebrauch als *Trichinose* bezeichnet.

28 Wo befindet sich das Jochbein?

☐ **a)** Unterhalb des Auges.

☐ **b)** Am Gesäß.

☐ **c)** Im Ohr.

☐ **d)** Unterhalb des Kniegelenks.

29 An welcher Stelle befindet sich der Pförtner im menschlichen Körper?

☐ **a)** Am Mageneingang.

☐ **b)** Am Magenausgang.

☐ **c)** Zwischen Blinddarm und Wurmfortsatz.

☐ **d)** Zwischen Grimmdarm und Dickdarm.

30 Bei welcher der nachfolgenden Abbildungen handelt es sich um ein Ahornblatt?

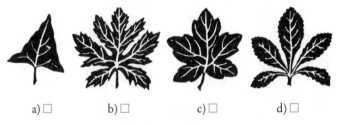

a) ☐   b) ☐   c) ☐   d) ☐

31 Wann lebte Sebastian Kneipp?

☐ **a)** 1778–1852.   ☐ **b)** 1821–1897.

☐ **c)** 1857–1921.   ☐ **d)** 1903–1965.

32 Welcher der nachfolgend genannten Hunde gehört nicht in die Gruppe der Jagdhunde?

☐ **a)** Dachshund.   ☐ **b)** Cocker-Spaniel.

☐ **c)** Foxterrier.   ☐ **d)** Leonberger.

㉘ Lösung a)

Der paarig vorkommende Gesichtsknochen befindet sich unterhalb der Augenhöhle und bildet die obere Begrenzung der Wange.

Am Gesäß befindet sich das *Steißbein*.

Im Ohr ist das *Schläfenbein*.

Wadenbein und *Schienbein* sind die beiden Unterschenkelknochen.

㉙ Lösung b)

Der Pförtner *(Pylorus)* befindet sich am Magenausgang und ist mit einem kräftigen Ringmuskel, der einen Rückfluß vom Zwölffingerdarm in den Magen verhindert, die Verbindungsstelle zwischen Magen und Darm.

Am Mageneingang liegt der *Magenmund (Kardia)*.

Zwischen Grimmdarm und Dickdarm befindet sich die *Bauhinsche Klappe,* die einen Rückfluß des Speisebreis aus dem Dickdarm verhindert.

㉚ Lösung c)

Abbildung c) stellt ein Ahornblatt dar.

Abbildung a) stellt einen dreieckigen *Gänsefuß* dar, b) ein *Hahnenfußblatt* und d) ein *Fingerkraut*.

㉛ Lösung b)

Sebastian Kneipp lebte von 1821 bis 1897. Der bekannte »Wasserdoktor« von Wörishofen machte sich besonders durch seine Naturheilverfahren und Wasserbehandlungen (Wechselbäder, Güsse, Wassertreten) einen Namen. Ihm ist es auch zu verdanken, daß längst vergessenes Wissen über die Heilkraft der Kräuter wiederentdeckt wurde.

Von 1778 bis 1852 lebte *Friedrich Ludwig Jahn,* besser bekannt unter dem Namen »Turnvater Jahn«. Er war der Schöpfer der deutschen Turnbewegung mit dem Ziel, die körperliche und moralische Kraft der Bevölkerung zu stärken.

㉜ Lösung d)

Der Leonberger ist der Gruppe der Wach- und Diensthunde zuzuordnen.

❸❸ Welcher Vogel legt seine Eier in fremde Nester?

☐ **a)** Kuckuck. ☐ **b)** Amsel.

☐ **c)** Specht. ☐ **d)** Drossel.

❸❹ Was versteht man unter dem Begriff Erosion?

☐ **a)** Vulkanausbruch.

☐ **b)** Abtragung von Erde oder Gestein.

☐ **c)** Entfaltung der Geschlechtlichkeit und sinnlichen Liebe.

☐ **d)** Schmarotzer, der andere Tiere als Wirt benutzt.

❸❺ Was ist Humus?

☐ **a)** Hirsebrei.

☐ **b)** Menschliches Oberarmbein.

☐ **c)** Lateinische Bezeichnung für den Menschen.

☐ **d)** Fruchtbarer Bodenbestandteil.

❸❻ Welche Farbe hat Basalt?

☐ **a)** Schwarzgrau.

☐ **b)** Violett.

☐ **c)** Gelb.

☐ **d)** Silberweiß.

❸❼ Was bedeutet dieses Schild mit rotem Untergrund an der Rückseite eines Lkws?

Der Lkw hat

☐ **a)** feuergefährliche (entzündbare) flüssige Stoffe,

☐ **b)** feuergefährliche (entzündbare) feste Stoffe,

☐ **c)** entzündbare Gase bei Berührung mit Wasser,

☐ **d)** radioaktive Stoffe geladen.

㉝ **Lösung a)**
Der Kuckuck ist ein sogenannter Brutparasit, da er seine Eier auf verschiedene fremde Singvögelnester verteilt. Dabei ähneln die Eier in Größe und Farbe oft denen der Wirtsvogelart.

㉞ **Lösung b)**
Erosion ist die Abtragung der Erdoberfläche durch Wind, Flüsse, Gletscher und Wellen.
Der Ausbruch eines Vulkans wird als *Eruption* bezeichnet.
Eros bezeichnet das weite Feld der Geschlechtlichkeit und Liebe.
Das *Epizoon* ist ein Schmarotzer, der Tiere befällt, zum Beispiel die Laus.

㉟ **Lösung d)**
Humus ist ein fruchtbarer Bodenbestandteil, der vorwiegend aus abgestorbenen tierischen oder pflanzlichen Stoffen besteht.
Der tunesische Hirsebrei wird *Couscous* genannt.
Die lateinische Bezeichnung für den Menschen heißt *homo*.
Das menschliche Oberarmbein wird in Fachkreisen *Humerus* genannt.

㊱ **Lösung a)**
Basalt ist ein dunkles Erdgußgestein.
Gelb ist die Farbe des *Schwefels.*
Nickel ist silberweiß.

㊲ **Lösung a)**
Der Lkw hat feuergefährliche (entzündbare) flüssige Stoffe geladen.
Bei entsprechenden festen Stoffen wäre das Schild *nur weiß/rot gestreift.*
Gase, die sich bei Berührung mit Wasser entzünden können, hat ein Lkw mit gleichem Schild, jedoch auf *blauem Untergrund,* geladen.
Auf radioaktive Fracht weist dieses Schild hin.

38 **Was versteht man unter Pomologie?**

☐ **a)** Vernunftorientiertes Handeln.

☐ **b)** Krankhafte Furcht vor der Umwelt.

☐ **c)** Organismus, der in faulendem Wasser lebt.

☐ **d)** Obstkunde.

39 **Wie heißt ein Raum, der völlig frei von Materie ist?**

☐ **a)** Hohlkörper. ☐ **b)** Vakuum.

☐ **c)** Vakanz. ☐ **d)** Freiraum.

40 **Was ist Salzsäure?**

☐ **a)** Natriumcarbonat.

☐ **b)** Lösung von Schwefeltrioxid in Wasser.

☐ **c)** Lösung von Chlorwasserstoffgas in Wasser.

☐ **d)** Verbindung aus Natrium und Stickstoff.

41 **Wie viele Liter Blut besitzt durchschnittlich ein erwachsener Mensch?**

☐ **a)** 3 l ☐ **b)** 4 l ☐ **c)** 5,5 l ☐ **d)** 6,5 l

42 **An welcher Stelle des menschlichen Körpers liegt die Epidermis?**

☐ **a)** Im Auge.

☐ **b)** Am Darmausgang.

☐ **c)** An der Körperoberfläche.

☐ **d)** Unterhalb der Einmündungsstelle des Dünndarms.

43 **Was macht Silber wertvoller als Blei?**

☐ **a)** Seine Schönheit. ☐ **b)** Sein Glanz.

☐ **c)** Sein Gewicht ☐ **d)** Seine Seltenheit.

Lösung d)
Die Pomologie ist ein Teilbereich der Botanik, der sich mit dem Obstbau beschäftigt.
Die *Panphobie* ist eine krankhafte Furcht vor der Umwelt.

Lösung b)
Ein völlig materiefreier Raum wird als Vakuum bezeichnet.
Eine *Vakanz* ist eine offene, unbesetzte Stelle.

Lösung c)
Salzsäure ist eine Lösung von Chlorwasserstoff in Wasser. Sie wird mit der chemischen Formel *HCl* beschrieben. Salzsäure ist eine sehr starke Säure und wird sehr oft zu Reinigungszwecken verwendet. Heute gewinnt man sie durch Reaktion von Kochsalz mit konzentrierter Schwefelsäure oder durch direkte Verbrennung von Wasserstoff in Chlor.
Eine Lösung von Schwefeltrioxid in Wasser wird *Schwefelsäure* genannt. Sie wird mit der chemischen Formel H_2SO_4 bezeichnet.

Lösung c)
Ein erwachsener Mensch hat durchschnittlich einen Blutbestand von 5,5 l. Man geht davon aus, daß etwa 7,7% des Körpergewichts die Blutmenge darstellen. Das Blutplasma besteht zu 90% aus Wasser.

Lösung c)
Die Epidermis ist die oberste Schicht der menschlichen Haut. Unterhalb der Einmündungsstelle des Dünndarms befindet sich der *Blinddarm*.

Lösung d)
Silber ist wesentlich seltener als Blei, was im Preis zum Ausdruck kommt.

44 **Was ist ein Stalagmit?**

☐ **a)** Ein von der Erde nach oben wachsender Tropfstein.

☐ **b)** Ein von der Decke nach unten wachsender Tropfstein.

☐ **c)** Ein Einsiedler.

☐ **d)** Eine enge Felsspalte, die vom Bergsteiger durch Abstützen an den gegenüberliegenden Felsen durchklettert werden kann.

45 **Woraus wird Gummi gewonnen?**

☐ **a)** Lebertran.

☐ **b)** Kautschuk.

☐ **c)** Bauxit.

☐ **d)** Zellulose.

46 **Was ist ein Wallach?**

☐ **a)** Ein weißes Pferd.

☐ **b)** Ein einjähriges Pferd.

☐ **c)** Eine Pferdedecke.

☐ **d)** Ein kastrierter Hengst.

47 **Vier Sekunden nach dem Blitz hören Sie bei einem Gewitter den Donner. Wie weit ist das Gewitter entfernt?**

☐ **a)** 2,9 km ☐ **b)** 7,5 km ☐ **c)** 5,0 km ☐ **d)** 1,2 km

48 **Was versteht man unter Sukkulenten?**

☐ **a)** Wasserspeichernde Pflanzen.

☐ **b)** Trockenpflanzen.

☐ **c)** Ölpflanzen.

☐ **d)** Schilfpflanzen.

(44) **Lösung a)**

Ein Stalagmit ist ein vom Boden nach oben wachsender Tropfstein. Er besteht aus Kalk und ist vorwiegend in Höhlen anzutreffen.

Von der Decke nach unten wachsende Tropfsteine sind *Stalaktiten*.

Ein Einsiedler wird als *Eremit* bezeichnet.

Ein *Kamin* ist eine enge Felsspalte.

(45) **Lösung b)**

Der Ausgangsstoff für Gummi ist der Kautschuk. Er wird aus dem weißen Milchsaft des Parakautschukbaumes gewonnen. Dabei wird die Rinde des Baumes v-förmig eingeritzt und der auslaufende Saft mit einem Becher aufgefangen.

Bauxit ist der Ausgangsstoff für Aluminium.

Aus *Zellulose* (Fasern von Baumwolle, Holz und Flachs) wird Klebstoff, Papier etc. hergestellt.

(46) **Lösung d)**

Ein Wallach ist ein kastrierter Hengst.

Weiße Pferde nennt man *Schimmel.* Ein einjähriges Pferd ist ein *Enter.* Die Pferdedecke nennt man *Woilach.*

(47) **Lösung d)**

Schall breitet sich mit einer Geschwindigkeit von ungefähr 300 m/sec. aus. Da Blitz und Donner sich immer gleichzeitig ereignen, der Donner durch die Ausbreitung des Schalls jedoch in unserem Beispiel 4 Sekunden benötigte, ist das Gewitter ungefähr (4 × 300) 1,2 km vom eigenen Standort entfernt.

(48) **Lösung a)**

Sukkulenten sind Pflanzen, die Wasser speichern können. Es sind Trockenpflanzen, die entweder mit Hilfe der Blätter oder des Stammes in großzelligen Wassergeweben die Feuchtigkeit speichern.

Trockenpflanzen ohne wasserspeicherndes Gewebe sind beispielsweise Flechten und Moose.

Ölpflanzen, auch als *Ölfrüchte* bezeichnet, enthalten Fette oder Öle in den Samen, die meist wirtschaftlich genutzt werden, zum Beispiel Raps, Senf, Mohn.

49 Was ist ein Couloir?

☐ **a)** Ausgetrocknetes Bachbett. ☐ **b)** Ombrogenes Moor.

☐ **c)** Moräne. ☐ **d)** Schluchtartige Rinne im Hochgebirge.

50 Zu welcher Familie der Blumengewächse gehört die Bougainvillea?

☐ **a)** Familie der Wunderblumengewächse.

☐ **b)** Familie der Orchideen.

☐ **c)** Familie der Nachtschattengewächse.

☐ **d)** Familie der Ananasgewächse.

51 Auf welche Art von Vitaminmangel ist die Krankheit Skorbut zurückzuführen?

☐ **a)** Vitamin A. ☐ **b)** Vitamin B.

☐ **c)** Vitamin C. ☐ **d)** Vitamin D.

52 Was versteht man unter Treibhauseffekt in der Meteorologie?

☐ **a)** Fähigkeit des Wasserdampfes, kurzwellige Sonnenstrahlung hindurchzulassen und langwellige Erdstrahlung zu absorbieren.

☐ **b)** Beim Aufbau starker Sommergewitter reichern sich die Kumuluswolken immer mehr mit Hagelkörnchen an, die aufgrund ihrer Größe erhebliche Schäden anrichten können.

☐ **c)** Feuchte Luft ist leichter als trockene Luft; dies läßt sich im Glashaus zeigen, da das verdunstete Wasser an den Glashausscheiben kondensiert.

☐ **d)** Im Gegensatz zum Glashaus geht die Obergrenze der Atmosphäre diffus, das heißt ohne klare Trennung, ins Weltall über.

53 Was ist eine Zyklone?

☐ **a)** Luftwirbel ☐ **b)** Wirbelsturm.

☐ **c)** Kaltfront. ☐ **d)** Tiefdruckgebiet.

㊾ **Lösung d)**

Ein Couloir ist eine steil ansteigende, schluchtartige Rinne im Hochgebirge, durch die bei bestimmten Witterungen Geröll und Regenwasser ins Tal schießen.

Ein *ombrogenes Moor* ist ein über den Grundwasserspiegel hinausreichendes Moor, ein *Hochmoor.*

㊿ **Lösung a)**

Die Bougainvillea, mit meist blauvioletten Hochblättern, gehört zu der Pflanzengattung der *Nyktaginazeen* (Wunderblumengewächse). Den französisch klingenden Namen hat die Pflanze von dem gleichnamigen französischen Marine-Admiral, der die Pflanze in Südamerika entdeckt haben soll. Heute ist sie auch im Mittelmeergebiet heimisch.

(51) **Lösung c)**

Skorbut, die klassische Seefahrerkrankheit, ist auf fehlendes Vitamin C zurückzuführen. Skorbut äußert sich in Blutungen der Haut und Muskulatur, Lockerung der Zähne, Frühjahrsmüdigkeit und Beeinträchtigung des Zellstoffwechsels. Vitamin C ist in Obst und Gemüse enthalten, welches bei langen Schiffsfahrten oder Expeditionen fehlte.

(52) **Lösung a)**

Bei einem hohen Feuchtigkeitsgehalt in der Luft wird die kurzwellige Sonnenstrahlung hindurchgelassen, die von der Erde reflektierte langwellige Erdstrahlung jedoch nicht. Dadurch heizt sich, genauso wie beim Glashaus, die Luft auf.

(53) **Lösung d)**

Eine Zyklone ist ein Tiefdruckgebiet. Die »Idealzyklone« besteht aus Warmfront, Warmsektor, Kaltfront und dem Rückseitenwetter.

Ein Wirbelsturm wird *Tornado* oder *Trombe* genannt.

Unter einem *Zyklon* versteht man einen Luftwirbel.

54 Welcher der folgenden Pilze ist giftig?

☐ **a)** Schöner Röhrling.

☐ **b)** Stinkmorchel.

☐ **c)** Dickfußröhrling.

☐ **d)** Maronenröhrling.

55 Was ist ein Öchsle?

☐ **a)** Schnecke ohne Haus.

☐ **b)** Spezifisches Gewicht zur Ermittlung des Zuckergehaltes bei Traubenmost.

☐ **c)** Rebsorte.

☐ **d)** Junger Bulle.

56 Welcher Vogel kann nicht fliegen?

☐ **a)** Kiwi.

☐ **b)** Beo.

☐ **c)** Flamingo.

☐ **d)** Pfau.

57 Um was für eine Getreideart handelt es sich?

☐ **a)** Roggen.

☐ **b)** Weizen.

☐ **c)** Gerste.

☐ **d)** Dinkel.

(54) **Lösung c)**

Der Dickfußröhrling, auch *Schönfußröhrling* genannt, ist giftig.

(55) **Lösung b)**

Ferdinand Öchsle (1774–1852) ist der Erfinder der Mostwaage zur Feststellung des Mostgewichtes. Mit der Ermittlung des spezifischen Gewichtes des Traubenmostes läßt sich ungefähr der Zuckergehalt und damit der spätere Alkoholgehalt des Weines berechnen. Ein Öchsle (Grad) ist die Maßeinheit, in der die Mostwaage das spezifische Gewicht des Mostes angibt.

(56) **Lösung a)**

Der nur in Neuseeland beheimatete Kiwi-Vogel, in der Größe eines Huhns, kann nicht fliegen, sondern nur laufen. Dadurch ist er besonders gefährdet und wird nur nachts aktiv.

Der *Beo* ist eine Starenart, die in Hinterindien und Sri Lanka beheimatet ist.

(57) **Lösung a)**

Bei dem abgebildeten Getreide handelt es sich um Roggen. Roggen ist eine Getreideart, die bis zu 2 m hoch wachsen kann. Durch die Wuchshöhe und den dünnen Getreidestengel ist Roggen stark windempfindlich, da er leicht abknickt. Die UdSSR war der größte Roggenproduzent der Welt.

Nachfolgend Abbildungen von *Weizen, Dinkel* und *Gerste:*

Getreidearten

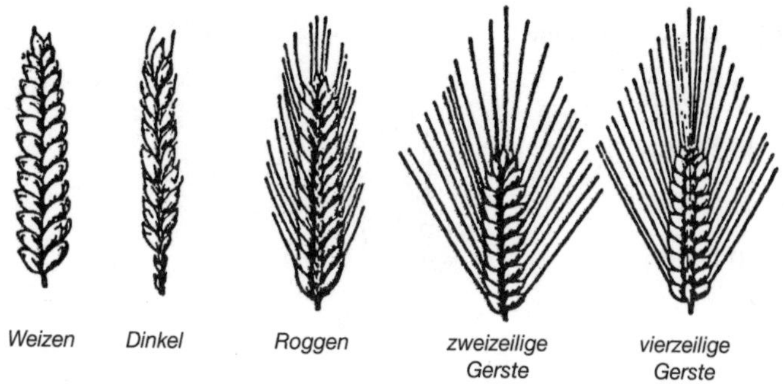

58 **Was ist ein Trauermantel?**

☐ **a)** Singvogel.

☐ **b)** Spinne.

☐ **c)** Schmetterling.

☐ **d)** Farngewächs.

59 **Was versteht man unter Verklappung?**

☐ **a)** Herzerkrankung.

☐ **b)** Versenken von Abfallstoffen im Meer.

☐ **c)** Schwinden von Reserven.

☐ **d)** Landgewinnung aus dem Wattenmeer.

60 **Welches Tier überträgt Malaria?**

☐ **a)** Ratte.

☐ **b)** Tsetsefliege.

☐ **c)** Anophelesfliege.

☐ **d)** Fuchs.

(58) **Lösung c)**

Der Trauermantel ist ein dunkelbrauner Falter mit einem gelben Flügelrand. Entlang des gelben Flügelrandes sind blaue Punkte im dunkelbraunen Flügelbereich.

(59) **Lösung b)**

Unter Verklappung versteht man das vorsätzliche Versenken von giftigen und ungiftigen Abfallstoffen durch Schiffe im Meer.
Herzklappenfehler, meistens durch Entzündungen der Herzklappen in der Jugend bedingt, sind eine häufige Herzerkrankung.

(60) **Lösung c)**

Die Anophelesfliege ist die Überträgerin der Malaria und gehört in die Gattung der Fiebermücken. Nur die Weibchen sind Blutsauger und damit Überträger der Krankheit.
Die *Tsetsefliege* überträgt die Schlafkrankheit.
Der *Fuchs* ist einer der Hauptüberträger der Tollwut.

V. KULTUR – KUNST – LITERATUR – MUSIK

❶ Was ist das Köchelverzeichnis?

☐ **a)** Sammlung aller Tonwerke Ludwig van Beethovens durch den österreichischen Musikgelehrten Ludwig von Köchel.

☐ **b)** Chronologisch thematisches Verzeichnis aller Musikstücke von Händel.

☐ **c)** Verzeichnis sämtlicher Tonwerke Mozarts.

☐ **d)** Verzeichnis sämtlicher Tonwerke der Wiener Klassik, hauptsächlich Arbeiten der Komponisten Haydn, Mozart und Beethoven.

❷ In welchem Stück Carl Zuckmayers spielt Harras die Hauptrolle?

☐ **a)** Der Hauptmann von Köpenick. ☐ **b)** Des Teufels General.

☐ **c)** Der fröhliche Weinberg. ☐ **d)** Schinderhannes.

❸ Wer schrieb »Die neuen Leiden des jungen W.«?

☐ **a)** Ulrich Plenzdorf. ☐ **b)** Rainer Kunze

☐ **c)** Alfred Andersch. ☐ **d)** Jurek Becker.

❹ Wo finden die Richard-Wagner-Festspiele statt?

☐ **a)** Bayreuth. ☐ **b)** Salzburg.

☐ **c)** München. ☐ **d)** Bad Segeberg.

❺ Wer sagt: »Heinrich mir graut's vor dir«?

☐ **a)** Johanna in Schillers »Jungfrau von Orléans«.

☐ **b)** Illo in Schillers »Die Piccolomini«.

☐ **c)** Ophelia in Shakespeares »Hamlet«.

☐ **d)** Gretchen in Goethes »Faust«.

① **Lösung c)**
Das Köchelverzeichnis enthält alle Tonwerke Wolfgang
Amadeus Mozarts. Es wurde 1862 von dem Österreicher
Ludwig von Köchel aufgestellt.

② **Lösung b)**
Fliegergeneral Harras in Zuckmayers Stück »Des Teufels General« steht für den Jagdflieger Ernst Udet, der als ein erfolg-
reicher Jagdflieger galt.

③ **Lösung a)**
Ulrich Plenzdorf knüpft mit seinem Buch »Die neuen Leiden
des jungen W.« an Goethes »Die Leiden des jungen Wer-
thers« an. Das 1973 erschienene Stück des DDR-Autors beschäftigt sich mit den Leiden eines jungen Mannes, verursacht durch seine unglückliche Liebe zu einer verheirateten
Frau und durch seine Labilität und komplexe Sicht der Umwelt.

④ **Lösung a)**
Die Richard-Wagner-Festspiele finden jährlich in Bayreuth
statt. Wagner selbst legte den Grundstein für das dortige
Festspielhaus, das 1876 mit der Aufführung des »Ring der
Nibelungen« eingeweiht wurde.
Bei den *Salzburger Festspielen* wird vorwiegend Mozart auf-
geführt.
Bad Segeberg ist für seine *Karl-May-Festspiele* bekannt.

⑤ **Lösung d)**
In der letzten Szene des Faust I sagt Gretchen zu Faust:
»Heinrich, mir graut's vor dir.«

❻ Wer schrieb »Die Dreigroschenoper«?

☐ **a)** Anton Dvořak. ☐ **b)** Bert Brecht.

☐ **c)** Benjamin Britten. ☐ **d)** Franz Lehár.

❼ Wie heißt das Revolutionsdrama von Georg Büchner?

☐ **a)** Woyzeck. ☐ **b)** Leonce und Lena.

☐ **c)** Dantons Tod. ☐ **d)** Lenz.

❽ Was versteht man unter Rezitativ?

☐ **a)** Sprechgesang.

☐ **b)** Wiederholung in einem Musikstück.

☐ **c)** Künstlerischer Vortrag eines Gedichts oder eines Textabschnitts.

☐ **d)** Buchbesprechung.

❾ Wer komponierte die Oper »Othello«?

☐ **a)** Wolfgang Amadeus Mozart. ☐ **b)** Johann Sebastian Bach.

☐ **c)** Richard Wagner. ☐ **d)** Giuseppe Verdi.

❿ Was ist ein Konzertmeister?

☐ **a)** Dirigent.

☐ **b)** Direktor der Oper oder des Schauspielhauses.

☐ **c)** Der erste Geiger eines Orchesters.

☐ **d)** Die aufsichtsführende Person über das gesamte Orchester.

⓫ Was versteht man unter Liturgie?

☐ **a)** Form des Gottesdienstes in der christlichen Kirche.

☐ **b)** Dünne Porzellanplatte, in die Reliefdarstellungen eingepreßt sind. Bei Beleuchtung erscheinen die dünnen Stellen als Lichter, die dickeren Stellen als Schatten.

☐ **c)** Lehre vom Aufbau des Dramas.

☐ **d)** Das älteste Steindruckverfahren auf Kalksteinplatten.

(6) **Lösung b)**
»Die Dreigroschenoper« von Bert Brecht (Uraufführung am 31. 8. 1928 in Berlin), mit der Musik von Kurt Weill, handelt von der Liebe Polly Peachums, der Tochter eines Bettlerkönigs, zu dem Verbrecherkönig Mackie Messer. Der Bettlerkönig ist gegen diese Verbindung, kann jedoch die heimliche Heirat der Tochter mit Mackie Messer nicht verhindern.

(7) **Lösung c)**
»Dantons Tod« wurde 1835 von Büchner geschrieben. Das Stück handelt von der Französischen Revolution.
»*Leonce und Lena*« ist das einzige von Büchner verfaßte Lustspiel.
»*Woyzeck*« handelt von dem gequälten und erniedrigten Menschen, der von der Gesellschaft zugrunde gerichtet wird.

(8) **Lösung a)**
Rezitativ ist ein dramatischer Sprechgesang, der dem Tonfall und dem Rhythmus der Sprache angepaßt ist. Es bildet in der Oper das Gegenstück zur *Arie*.
Eine Buchbesprechung wird auch als *Rezension* bezeichnet.
Eine *Rezitation* ist ein künstlerischer Vortrag eines Gedichts oder auch eines Textabschnitts.

(9) **Lösung d)**
Giuseppe Verdi hat 1887 im Alter von 74 Jahren die Oper »Othello« komponiert.

(10) **Lösung c)**
Der Konzertmeister ist der erste Geiger eines Orchesters.
Die aufsichtsführende Person beim Theater nennt man *Inspizient*.

(11) **Lösung a)**
Die Liturgie stellt eine Gottesdienstordnung dar, nach der Form und Inhalt des Gottesdienstes festgelegt sind.
Die Lehre vom Aufbau des Dramas heißt *Dramaturgie*.
Das älteste Steindruckverfahren auf Kalksteinplatten wird als *Lithographie* bezeichnet.

12 Welcher Maler ist für seine Seerosenbilder bekannt?

☐ **a)** Georges Seurat. ☐ **b)** Vincent van Gogh.

☐ **c)** Edouard Manet. ☐ **d)** Claude Monet.

13 Was versteht man unter einer Synkope?

☐ **a)** Gebetsstätte der Juden.

☐ **b)** Rhythmusverschiebung in der Musik.

☐ **c)** Höhepunkt im klassischen Drama.

☐ **d)** Büste aus Marmor.

14 Wer schrieb »Die Feuerzangenbowle«?

☐ **a)** Heinz Rühmann. ☐ **b)** Franz Werfel.

☐ **c)** Hans Fallada. ☐ **d)** Heinrich Spoerl.

15 Was versteht man unter einem Minarett?

☐ **a)** Gesangsstück des Papstes.

☐ **b)** Leibwache des Papstes.

☐ **c)** Turm einer Moschee.

☐ **d)** Gefechtswaffe.

16 Wer schrieb »Hoffmanns Erzählungen«?

☐ **a)** Hoffmann von Fallersleben.

☐ **b)** Wilhelm und Jakob Grimm.

☐ **c)** Jacques Offenbach.

☐ **d)** E.T.A. Hoffmann.

⑫ **Lösung d)**
Claude Monet (1840–1926), ist einer der großen französischen Impressionisten. Die Seerosenbilder, von denen jedes eine Länge von mehreren Metern hat, gelten als seine bekanntesten Werke. Dabei richtete der Künstler sein Hauptaugenmerk auf die Lichtbewegungen; die dingliche Darstellung tritt in den Hintergrund.

⑬ **Lösung b)**
Unter einer Synkope versteht man die bewußte Verschiebung der Betonung innerhalb eines rhythmischen Ablaufs. Dabei wird eine an sich nicht betonte Zeit akzentuiert. Bei dem Musikstück »Take five« kommt diese Technik zur Anwendung.
Die Gebetsstätte der Juden heißt *Synagoge*.

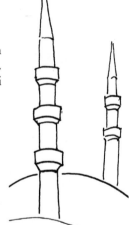

⑭ **Lösung d)**
»Die Feuerzangenbowle« wurde von Heinrich Spoerl (1887–1955) geschrieben. Der Roman wurde auch verfilmt, wobei *Heinz Rühmann* die Hauptrolle spielte.

⑮ **Lösung c)**
Ein Minarett ist ein an einer Moschee erbauter Turm, von dem der Muezzin seinen Gebetsruf an die Gläubigen richtet. Es gibt Moscheen mit bis zu sechs Minaretten, so die *Sultan Ahmet Moschee* in Istanbul.

⑯ **Lösung c)**
»Hoffmanns Erzählungen« ist eine Oper von Jacques Offenbach (1819–1880). Die Aufführung der in seinem letzten Lebensjahr komponierten Oper erlebte der Komponist jedoch nicht mehr.
Hoffmann von Fallersleben, deutscher Germanist und Dichter, schrieb 1841 das »Deutschlandlied«.
Die *Gebrüder Jakob und Wilhelm Grimm* sammelten deutsche Sagen und Märchen, die bald unter dem Begriff »Grimms Märchen« bekannt wurden.

17 Findet man die »Walhalla«

☐ **a)** im Teutoburger Wald?   ☐ **b)** in Laboe?

☐ **c)** bei Regensburg?   ☐ **d)** im Rheintal bei Sankt Goarshausen?

18 Handelt es sich bei der abgebildeten Säule um

☐ **a)** eine dorische?

☐ **b)** ionische?

☐ **c)** romanische?

☐ **d)** korinthische ?

19 Was versteht man unter einem Fresko?

☐ **a)** Kultbild in der Ostkirche.

☐ **b)** Bildhauerische Darstellung des Frauenkopfes.

☐ **c)** Maske bei der alemannischen Fastnacht.

☐ **d)** Wandmalerei auf frisch aufgetragenem, noch feuchtem Putz.

20 Was versteht man unter einer Partitur?

☐ **a)** Die übersichtliche Zusammenstellung eines vielstimmigen Tonwerkes, wobei die verschiedenen Instrumentengruppen in bestimmter Reihenfolge untereinander angeordnet sind.

☐ **b)** Die zwischen Tenor und Baß liegende Männersingstimme.

☐ **c)** Einen griechischen Tempel.

☐ **d)** Verzeichnis von Kompositionen aus der Romantik.

⑰ **Lösung c)**

Die Walhalla ist eine bei Regensburg erbaute Ruhmeshalle, die Ludwig I. von Bayern erbauen ließ.

Im Teutoburger Wald findet man das *Hermannsdenkmal*, das an Armin den Cheruskerfürsten erinnert. In Laboe befindet sich das *Marine-Ehrenmal* mit seinem 72 m hohen Turm. Die *Lorelei* ist ein Schieferfelsen im Rheintal. Der Gesang eines darauf sitzenden Mädchens (Fabelwesen) soll die Rheinschiffer verwirrt und ins Verderben geführt haben.

⑱ **Lösung d)**

Die europäische Baukunst hat ihre Wurzeln in der Antike. Die korinthische Säule ist am stärksten verziert mit steinernem Blattwerk am Kapitell.

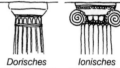

Dorisches Säulenkapitell   Ionisches Säulenkapitell

Die *ionische Säule* ist durch das schneckenförmig aufgedrehte Polster des Kapitells erkennbar. Die *dorischen Säulen* sind durch ihre Einfachheit, leicht nach oben zulaufende Form und durch das wulstartige Kapitell zu erkennen.

⑲ **Lösung d)**

Bei einem Fresko handelt es sich um eine Wandmalerei, deren künstlerische Technik darin besteht, daß noch feuchter Wandputz bemalt wird. Es kommen nur Farben zur Anwendung, die keine chemische Reaktion mit der Kalkunterlage mehr eingehen.

⑳ **Lösung a)**

Eine Partitur ist die Zusammenstellung aller Instrumenten- und Singstimmen einer Komposition, so daß die gleichzeitig erklingenden Noten untereinander stehen. Die Anordnung der verschiedenen Instrumente untereinander hat sich seit der Wiener Klassik herausgebildet. Eine Klavierpartitur ist ein Auszug aus einer Partitur, der Klavier und die einzelnen Singstimmen beinhaltet.

Die zwischen Tenor und Baß liegende Männersingstimme heißt *Bariton*. Der griechische Tempel zu Ehren der Athena Parthenos heißt *Parthenon* und befindet sich auf der Akropolis in Athen.

㉑ Sind Pointillisten

☐ a) Künstler, die das Unbewußte, Traumhafte darstellen möchten?

☐ b) Vertreter einer symmetrisch-monumentalen Stilrichtung?

☐ c) Künstler, die ungemischte Farben als Tupfer nebeneinandersetzen, um so ein Gemälde herzustellen?

☐ d) Maler, die mit ihrem künstlerischen Stil Anfang des 20. Jhs. bewußt dem Impressionismus entgegentraten?

㉒ Wer war Macbeth?

☐ a) König von Schottland.

☐ b) Schottische Sagengestalt, die Shakespeare zu seiner gleichnamigen Oper inspirierte.

☐ c) König von England, der 1587 Maria Stuart hinrichten ließ.

☐ d) Held der Dreigroschenoper von Brecht/Weill.

㉓ Wie nennt man die hohe Frauenstimme?

☐ a) Alt.   ☐ b) Sopran.   ☐ c) Bariton.   ☐ d) Tenor.

㉔ Was ist in der Musik ein Akkord?

☐ a) Zusammenklang zweier Töne.

☐ b) Zusammenklang verschiedener (mindestens drei) übereinanderliegender Töne.

☐ c) Wechselgesang, der mit bis zu sechs selbständigen Stimmen ein Thema nachahmt oder auch kontrapunktiert.

☐ d) Zusammenklang der ersten und achten Stufe einer Tonleiter.

㉕ Wie viele Linien hat unser Notensystem?

☐ a) Fünf.   ☐ b) Sieben.   ☐ c) Sechs.   ☐ d) Vier.

㉖ Wer hat das Bild »Frühstück im Freien« gemalt?

☐ a) Renoir.   ☐ b) Monet.   ☐ c) Manet.   ☐ d) Courbet.

Lösung c)

Pointillisten geben Personen und Landschaften durch aneinandergesetzte Farbtupfer wieder. Die Gemälde bestehen aus lauter selbständigen Farbpunkten. Bekannte Pointillisten sind *Seurat* und *Signac.*

Kolossalbauten aus der Neuzeit mit symmetrischen Linien nennt man *neoklassizistisch.*

Die *Surrealisten,* die die Kraft des Irrationalen in ihren Arbeiten darstellen möchten, verfolgen eine Kunstrichtung, die nach dem Ersten Weltkrieg entstand.

 Lösung a)

Macbeth war ein schottischer König. Shakespeare schrieb über ihn seine 1606 fertiggestellte Tragödie. Die Tragödie inspirierte Verdi 1847 zu seiner gleichnamigen Oper.

 Lösung b)

Die höchste Stimmlage von Frauen und Knaben nennt man *Sopran.*

Tiefere Singstimmen für Frauen und Knaben nennt man *Alt.*

Bariton ist die mittlere Männerstimme, zwischen Tenor und Baß gelegen.

Lösung b)

Den Zusammenklang von mindestens drei verschiedenen Tönen nennt man Akkord.

Bei zwei Tönen spricht man von *Intervall.*

Handelt es sich dabei um den ersten und achten Ton einer Tonleiter, so spricht man von *Oktave.*

 Lösung a)

Das bei uns gebräuchliche Liniensystem bei der Notenschrift weist fünf Linien auf.

Lösung c)

Edouard Manet (1832–1883), französischer Maler, schuf 1863 das »Frühstück im Freien«, das eine unbekleidete Frau inmitten einer Männergesellschaft zeigt. Der Sturm der Entrüstung einer schockierten Gesellschaft war vorprogrammiert.

㉗ Wer war Konfuzius?

☐ a) Chinesischer Gelehrter, dessen Lehren in sich jedoch derart widersprüchlich und verwirrt waren, daß daraus der Begriff Konfusion (von Konfuzius) entstand.

☐ b) Römischer Gelehrter zur Zeit Cäsars, der lange Zeit als Berater des Feldherrn tätig war.

☐ c) Chinesischer Gelehrter (ca. 551–479 v. Chr.), dessen Weltanschauung für China viele Jahrhunderte maßgebend gewesen ist.

☐ d) Zeitgenössischer Erfolgsschriftsteller, der sich vornehmlich durch Unterhaltungsromane einen Namen gemacht hat.

㉘ Welchen Künstlernamen legte sich Doris von Kappelhoff zu?

☐ a) Dolly Dollar.   ☐ b) Marilyn Monroe.

☐ c) Liza Minelli.   ☐ d) Doris Day.

㉙ Von wem wurde »Die Fromme Helene« geschrieben?

☐ a) Wilhelm Busch.   ☐ b) Heinrich George.

☐ c) Ludwig Ganghofer.   ☐ d) Heinrich Hoffmann.

㉚ Welche Bedeutung hat in der Musik das Kreuz vor einer Note?

☐ a) Die Senkung um einen halben Ton.   ☐ b) Die Erhöhung um einen halben Ton.

☐ c) Pausenzeichen.   ☐ d) Wiederholungszeichen.

㉛ Was ist ein Tamtam?

☐ a) Ein kurzes schmetterndes Signal für Blechblasinstrumente.

☐ b) Französischer Tanz in schnellem Tempo, ursprünglich aus Algier stammend; seinen größten Bekanntheitsgrad erreichte der Tanz jedoch in Paris; heute bei Varietévorstellungen.

☐ c) Zupfinstrument mit Gitarrenhals, häufig von den nordamerikanischen Schwarzen im Jazz verwendet.

☐ d) Großer Gong.

㉗ **Lösung c)**

Konfuzius war ein chinesischer Gelehrter, der großen Einfluß auf die chinesische Kultur hatte. In seiner Lehre werden die Eigenschaften Selbstlosigkeit, Menschlichkeit, Schicklichkeit, Rechtschaffenheit, Weisheit und Aufrichtigkeit als höchste Maximen angesehen, nach denen jeder sein Leben ausrichten sollte.
Der zeitgenössische Erfolgsschriftsteller heißt *Konsalik.*

㉘ **Lösung d)**

Die Eltern von Doris von Kappelhoff waren deutschstämmig. Um einen ihrer Karriere eher förderlichen, für Amerikaner auch aussprechbaren Namen zu haben, nahm Doris von Kappelhoff den Künstlernamen Doris Day an.
Marilyn Monroe hieß von Geburt Norma Jean Mortenson.

㉙ **Lösung a)**

»Die fromme Helene« wurde 1872 von Wilhelm Busch verfaßt.
Ludwig Ganghofer ist durch seine Romane voller Gebirgsromantik bekannt geworden.
Heinrich Hoffmann aus Frankfurt ist der Verfasser des »Struwwelpeter«.
Heinrich George, der Vater von Götz George, war wie sein Sohn Schauspieler.

㉚ **Lösung b)**

#: Das Kreuz bedeutet, daß die Note um einen halben Ton erhöht wird. So wird aus einem F ein Fis.
Ein ♭ vor einer Note senkt diese um einen halben Ton.

㉛ **Lösung d)**

Ein Tamtam ist ein ursprünglich aus China stammender großer Gong.
Als *Fanfare* zur Eröffnung von Festspielen oder auch bei Militärparaden bezeichnet man ein kurzes schmetterndes Signal, meistens von Trompeten. *Cancan* ist ein schneller französischer Tanz. Das Nationalinstrument der nordamerikanischen Schwarzen ist das *Banjo.*

32 In welchem Stück tritt Leporello auf?

☐ **a)** Mozart »Don Giovanni«.

☐ **b)** Shakespeare »Der Kaufmann von Venedig«.

☐ **c)** Dostojewskij »Schuld und Sühne«.

☐ **d)** Verdi »La Traviata«.

33 Was bedeutet in der Musik »piano«?

☐ **a)** Schnell, gestoßen.   ☐ **b)** Leise, schwach.

☐ **c)** Hart.   ☐ **d)** Weich.

34 Wer schrieb das Buch »Don Camillo und Peppone«?

☐ **a)** Emile Zola.   ☐ **b)** Harry Kemelman.

☐ **c)** Giovanni Guareschi.   ☐ **d)** John Knittel.

35 Welches der folgenden Kunstmuseen ist nicht in New York?

☐ **a)** Guggenheim Museum.   ☐ **b)** Museum of Modern Art.

☐ **c)** Metropolitan Museum.   ☐ **d)** Thorwaldsen Museum.

36 Was bedeutet Idiom?

☐ **a)** Spracheigentümlichkeit eines einzelnen oder einer Gruppe.

☐ **b)** Atom, das sich von einem anderen Atom des gleichen Elements nur durch seine Massenzahl unterscheidet.

☐ **c)** Erläuternde Wiederholung eines Begriffes durch ein Wort gleicher Bedeutung.

☐ **d)** Nachahmung einer Person beziehungsweise Nachbildung eines Gegenstands.

37 Welche Musik stammt nicht von Andrew Lloyd Webber?

☐ **a)** Musik zu »Jesus Christ Superstar«. ☐ **b)** Musik zu »Evita«.

☐ **c)** Musik zu »West-Side-Story«.   ☐ **d)** Musik zu »Cats«.

㉜ Lösung a)

Leporello ist der Diener von Don Giovanni. Die Uraufführung der von Mozart komponierten Oper war 1787 in
Prag.

㉝ Lösung b)

Piano bedeutet eine leise Vortragsweise, Abkürzung *p*. *Pia-
nissimo*, abgekürzt als *pp*. = *so leise wie irgend möglich*.
»Schnell, gestoßen« bedeutet *staccato*.
Die Bezeichnungen *dur* und *moll*, kommen aus dem lateinischen *(durus = hart)* und *(mollus = weich)*.

㉞ Lösung c)

Die Geschichten um den streitbaren Pfarrer Don Camillo
und den kommunistischen Bürgermeister Peppone beschrieb
Giovanni Guareschi in seinen Büchern.

㉟ Lösung d)

Das Thorwaldsen Museum ist nach dem dänischen Bildhauer
benannt und befindet sich in Kopenhagen.

㊱ Lösung a)

Ein Idiom ist eine Spracheigentümlichkeit sowohl einzelner
Menschen als auch einer ganzen Gruppe von Personen, wie
zum Beispiel ein *Jargon* oder ein *Dialekt*.
Atome, die sich nur durch ihre Massenzahl von anderen Ato-
men des gleichen Elements unterscheiden, sind *Isotope*.
Eine *Metaphrase* ist die erläuternde Wiederholung eines Be-
griffes.
Eine Nachahmung beziehungsweise Nachbildung wird auch
Imitation genannt.

㊲ Lösung c)

Die Musik zu dem Musical »West-Side-Story« wurde von
Leonard Bernstein 1957 geschrieben.

38 Unter welchem Pseudonym schrieb Eric Arthur Blair?

☐ a) George Orwell.   ☐ b) Agatha Christie.

☐ c) Oscar Wilde.   ☐ d) Sir Conan Doyle.

39 Von wem ist das Zitat: »Mit Worten läßt sich trefflich streiten, mit Worten ein System bereiten«?

☐ a) Mephisto in Goethes »Faust«.

☐ b) Faust in dem gleichnamigen Stück von Goethe.

☐ c) Schüler zu Mephisto.

☐ d) Wagner zu Faust.

40 Was versteht man unter dem »Blauen Reiter«?

☐ a) Bild von Franz Marc.

☐ b) Expressionistische Gruppe.

☐ c) Plastik von Erich Heckel.

☐ d) Wertvolle Briefmarke.

41 Von wem stammt der Text zu dem Abendlied »Der Mond ist aufgegangen«?

☐ a) Johann Wolfgang von Goethe.

☐ b) Ludwig Uhland.

☐ c) Friedrich Hölderlin.

☐ d) Matthias Claudius.

42 Was versteht man unter einem Minotaurus?

☐ a) Ungeheuer mit Menschenleib und Stierkopf.

☐ b) Fabelwesen mit menschlichem Oberkörper und Pferdeleib.

☐ c) Titel eines griechischen Königs.

☐ d) Wassergeist mit weiblichem Oberkörper und dem Schwanzteil eines Fisches.

㊳ Lösung a)

Eric Arthur Blair, geboren 1903 in Indien, gestorben 1950 in London, war bei der indischen Polizei, kämpfte später im Spanischen Bürgerkrieg. Sein bekanntestes Buch »1984« wurde unter seinem Künstlernamen George Orwell veröffentlicht.

㊴ Lösung a)

In der sogenannten Schülerszene im ersten Teil von »Faust« treten Mephisto, Faust und ein Schüler auf. Dabei sagt Mephisto zu dem Schüler: »Mit Worten läßt sich trefflich streiten, mit Worten ein System bereiten, an Worte läßt sich trefflich glauben, von einem Wort läßt sich kein Jota rauben.«

㊵ Lösung b)

Der »Blaue Reiter« ist eine expressionistische Künstlergruppe, die 1911 von Franz Marc und Wassily Kandinsky in München gegründet wurde. Der Name der »Blaue Reiter« entstand laut Kandinsky, da Marc und Kandinsky beide die Farbe Blau liebten, wobei Marc besonders Pferde und Kandinsky besonders Reiter mochte[*]. Neben der »Brücke« war der »Blaue Reiter« das zweite deutsche Zentrum des Expressionismus.

㊶ Lösung d)

Matthias Claudius (1740–1815) ist der Verfasser des Abendliedes »*Der Mond ist aufgegangen, die goldnen Sternlein prangen, am Himmel hell und klar . . .*«

㊷ Lösung a)

Der Minotaurus ist eine Figur der griechischen Mythologie mit Menschenleib und Stierkopf. Der Legende nach wurde der Minotaurus von Minos in einem Labyrinth eingesperrt und von Theseus besiegt.

Ein Fabelwesen mit menschlichem Oberkörper und Pferdeleib ist ein *Zentaur*.

Der Wassergeist mit weiblichem Oberkörper und dem Schwanzteil eines Fisches ist eine *Nixe*.

---

[*] aus: Horst Richter: Geschichten der Malerei im 20. Jahrhundert, Seite 27, Dumont Verlag 1974.

43 Wer schrieb das Gedicht »Todesfuge«?

☐ **a)** Hermann Hesse. ☐ **b)** Ingeborg Bachmann.

☐ **c)** Paul Celan. ☐ **d)** Hans Magnus Enzensberger.

44 Handelt es sich bei dem abgebildeten Gebäude um einen

☐ **a)** gotischen Baustil? ☐ **b)** barocken Baustil?

☐ **c)** romanischen Baustil? ☐ **d)** klassizistischen Baustil?

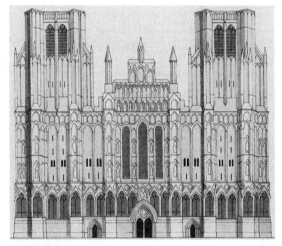

Wells: Kathedrale

45 Um was für ein Intervall handelt es sich?

☐ **a)** Terz. ☐ **b)** Oktave.

☐ **c)** Sekunde. ☐ **d)** Quarte.

46 Was ist eine Okarina?

☐ **a)** Russisches Zupfinstrument mit dreieckigen Schallkörpern, drei Saiten und langem Hals.

☐ **b)** Holzblasinstrument.

☐ **c)** Zupfinstrument aus der Ukraine mit birnenförmigem Schallkörper und kurzem Hals.

☐ **d)** Schnabelflöte aus Ton.

㊸ Lösung c)

Paul Celan ist der Verfasser der »Todesfuge«, einem Gedicht, das sich mit der Judenverfolgung in einem Konzentrationslager auseinandersetzt. Eines seiner bekanntesten Gedichte ist das »Sprachgitter«. Paul Celan wurde 1920 geboren und nahm sich 1970 in Paris das Leben.

㊹ Lösung a)

Bei der abgebildeten Kathedrale handelt es sich um die im gotischen Fassadenstil 1220 bis 1240 erbaute Kirche in Wells (Großbritannien). Aber auch der Stephansdom (1359–1433 erbaut) in Wien hat eine gotische Kirchturmkonstruktion. Die dagegen fast klotzig wirkende *Abteikirche* in *Hildesheim* wurde von 1007 bis 1033 im romanischen Stil erbaut.

Wien: Stephansturm

Hildesheim: Abteikirche St. Michael

㊺ Lösung c)

Bei dem abgebildeten Intervall handelt es sich um eine Sekunde.

Prim   Sekunde   Terz   Quarte   Quinte   Sexte   Septime   Oktave

㊻ Lösung d)

Eine Okarina ist eine Gefäßflöte aus Ton mit einem Schnabelmundstück.

Das russische Zupfinstrument mit dem dreieckigen Schallkörper ist die *Balalaika*.

Einen birnenförmigen Schallkörper und bis zu 44 Saiten hat die *Bandura*.

47 Wo befindet sich die »Mona Lisa«?

☐ **a)** In Mailand im Pezzoli Museum.

☐ **b)** In Paris im Louvre.

☐ **c)** In Rom im National-Museum.

☐ **d)** In London in der Tate Gallery.

48 In welcher Oper Verdis führt Hochverrat zum Tod eines Liebespaares?

☐ **a)** Aida.

☐ **b)** Don Carlos.

☐ **c)** Die Macht des Schicksals.

☐ **d)** La Traviata.

49 Welchen Künstlernamen hatte Dominikos Theotokópulos?

☐ **a)** John Denver. ☐ **b)** Mark Twain.

☐ **c)** El Greco. ☐ **d)** Picasso.

50 Wer schrieb den Roman »Effi Briest«?

☐ **a)** Theodor Fontane. ☐ **b)** Johann Peter Hebel.

☐ **c)** Theodor Storm. ☐ **d)** Thomas Mann.

51 Welchen Takt hat der Walzer?

☐ **a)** ¾-Takt. ☐ **b)** ¼-Takt. ☐ **c)** ²/₄-Takt. ☐ **d)** ⅜-Takt.

52 Wie heißt der Nationaltanz Italiens?

☐ **a)** Mazurka. ☐ **b)** Polka.

☐ **c)** Tango. ☐ **d)** Tarantella.

47 **Lösung b)**

Das von Leonardo da Vinci (1452–1519) gemalte Portrait der Mona Lisa ist im Louvre in Paris ausgestellt.

48 **Lösung a)**

In Verdis Oper »Aida« büßt das Liebespaar *Radames* (ägyptischer Feldherr) und *Aida* (Tochter des besiegten Äthiopierkönigs Amonasro) einen Hochverrat des Radames mit dem Tode. Radames hatte Amonasro arglos den Kriegsplan der Ägypter verraten.

49 **Lösung c)**

Dominikos Theotokópulos (1541–1614), spanischer Maler griechischer Abstammung, wurde El Greco (= der Grieche) genannt.
John Denver heißt von Geburt eigentlich Deutschendorfer, und *Mark Twain* ist das Pseudonym für Samuel Clemens.

50 **Lösung a)**

Theodor Fontane (1819–1898) schrieb (1895) den Roman »Effi Briest«. Er handelt von Eheproblemen, Ehebruch und den Folgen im aufstrebenden Bürgertum Ende des 19. Jhs.

51 **Lösung a)**

Walzer wird im ¾-Takt getanzt;
die lateinamerikanischen Tänze *Rumba* und *Cha Cha Cha* sind im ¼-Takt, der *Tango* im ²⁄₄-Takt.

52 **Lösung d)**

Der italienische Nationaltanz Tarantella stammt aus der Gegend um die süditalienische Stadt Tarent. Er wird im ³⁄₈- oder ⁶⁄₈-Takt getanzt.
Der polnische Nationaltanz *Mazurka*, im ³⁄₄-Takt, ist ein Gesellschaftstanz aus dem 18. Jh.
Der *Tango* stammt aus Argentinien und beeindruckt durch seinen zackigen Rhythmus im ²⁄₄-Takt

53 Welches ist der Grabtempel der ägyptischen Königin Hatschepsut?

☐ **a)** Tempel von Luxor.

☐ **b)** Tempel von Edfu.

☐ **c)** Deir el-Bahari.

☐ **d)** Dendera.

54 R. Kenneth Dwight wurde unter einem Künstlernamen weltberühmt. Welcher Name ist das?

☐ **a)** George Eliot.

☐ **b)** Mark Twain.

☐ **c)** Fred Astaire.

☐ **d)** Elton John.

55 In welcher Oper von Rossini kommt ein Figaro vor?

☐ **a)** Figaros Hochzeit.

☐ **b)** Der Barbier von Sevilla.

☐ **c)** Der Barbier von Baghdad.

☐ **d)** Die diebische Elster.

56 Wer ist der Erbauer von Castel del Monte?

☐ **a)** Kaiser Friedrich II.

☐ **b)** Kaiser Friedrich Barbarossa.

☐ **c)** Papst Innocenz IV.

☐ **d)** Alfons IV.

⑤③ Lösung c)

Deir el-Bahari ist der Grabtempel der ägyptischen Königin Hatschepsut. Er befindet sich im Tal der Könige in Theben (Oberägypten).

Dendera ist eine Ruinenstätte in der Nähe von Kena mit dem Tempel der Göttin Hathor.

Der *Tempel von Luxor* ist dem Gott Amun geweiht.

In *Edfu* befindet sich der Horustempel.

⑤④ Lösung d)

Der Pop-Star Elton John heißt mit bürgerlichem Namen R. Kenneth Dwight.

Unter dem Namen *George Eliot* schrieb Mary Ann Evans ihre Romane.

Mark Twain ist der Künstlername des amerikanischen Humoristen Samuel Langhorne Clemens.

Frederic Austerlitz wurde unter dem Namen *Fred Astaire* weltberühmt.

⑤⑤ Lösung b)

Rossini komponierte 1816 den »Barbier von Sevilla« nach den Bühnenstücken von Beaumarchais »Der Barbier von Sevilla« und »Figaros Hochzeit«. Letzteren Titel wählte Mozart für seine gleichnamige Oper.

Der *»Barbier von Baghdad«* wurde von Peter Cornelius (1824–1874) komponiert.

»Die diebische Elster« ist eine weitere Rossini-Oper.

⑤⑥ Lösung a)

Castel del Monte ist ein monumentaler achteckiger Bau (Oktogon), der von wiederum achteckigen Türmen umgeben ist. Das Jagdschloß westlich von Bari (Süditalien) wurde im Auftrag des Hohenstaufenkaisers Friedrich II. um 1240 errichtet. Papst *Innocenz IV.* (1195–1254) war ein erbitterter Gegner Kaiser Friedrichs II.

Alfons IV. von Aragonien und Navarra (1396–1458) verwirklichte die Wiedervereinigung von Neapel und Sizilien.

57 Karl V. wurde häufig von einem Maler porträtiert. Wie hieß dieser Maler?

☐ **a)** Memling.

☐ **b)** Goya.

☐ **c)** Tizian.

☐ **d)** Velázquez.

58 In welcher Stadt spielt »Der dritte Mann«?

☐ **a)** London.

☐ **b)** Wien.

☐ **c)** Berlin.

☐ **d)** Paris.

59 Was ist »Die Winterreise«?

☐ **a)** Liederzyklus von F. Schubert.

☐ **b)** Satirischer Gedichtzyklus von H. Heine.

☐ **c)** Sammlung von Satiren von G. Meyrink.

☐ **d)** Eine Erzählung von A. Stifter.

60 Was ist ein Baptisterium?

☐ **a)** Eine römische Badeanstalt.

☐ **b)** Haus für Theologiestudenten.

☐ **c)** Kreuzgang.

☐ **d)** Taufkirche.

(57) **Lösung c)**

Tizian, italienischer Maler um 1500, porträtierte mehrmals Kaiser Karl V. und Papst Paul III.

Velázquez (1599–1660) war Maler des spanischen Hofes.

Goya (1746–1828) war spanischer Maler, Radierer und Lithograph.

Hans Memling (1433–1494), niederländischer Maler, malte hauptsächlich religiöse Motive; zudem gilt er als einer der besten Porträtisten seiner Zeit.

(58) **Lösung b)**

Im Film und späteren Buch von Graham Greene »Der dritte Mann« geht es um Schwarzhandel, politische Korruption und Schieberbanden im geteilten Wien der Nachkriegszeit.

(59) **Lösung a)**

»Die Winterreise« von Franz Schubert ist eine Vertonung von 24 Gedichten, die gekennzeichnet sind durch eine melancholische Grundstimmung.

Der satirische Gedichtzyklus von *Heinrich Heine* heißt »*Deutschland – ein Wintermärchen*«.

G. Meyrink hat eine Sammlung von Satiren unter dem Titel »*Des deutschen Spießers Wunderhorn*« geschrieben.

In den Romanen und Erzählungen von *Adalbert Stifter,* zum Beispiel in dem Novellenband »Bunte Steine«, spielen Landschaft und Natur in ihren Auswirkungen auf Individuum und Gesellschaft eine wesentliche Rolle.

(60) **Lösung d)**

Ein Baptisterium ist eine Taufkirche mit meist oktogonaler Form (frühes Mittelalter).

Die römischen Bäder werden *Thermen* genannt, und bei einem *Konvikt* handelt es sich um ein Haus für katholische Theologiestudenten.

Ein *Kreuzgang* ist ein von gewölbten Bogengängen umgebener Hof, der Klosterkirche und Kloster verbindet.

VI. WIRTSCHAFT

❶ Was ist Rentabilität?

☐ **a)** Wirtschaftliches Handeln.

☐ **b)** Sammelbegriff für alle festverzinslichen Wertpapiere.

☐ **c)** Prozentuales Verhältnis von Gewinn und eingesetztem Kapital.

☐ **d)** Erfolgversprechende Investitionen.

❷ Was versteht man unter Inflation?

☐ **a)** Geldabwertung.   ☐ **b)** Geldaufwertung.

☐ **c)** Geldentwertung.   ☐ **d)** Staatsverschuldung.

❸ Ist Hausse

☐ **a)** das Steigen der Wertpapierkurse als Folge starker Nachfrage?

☐ **b)** ein Verkäufer, der von Haus zu Haus geht, um seine Waren anzubieten?

☐ **c)** eine Geldaufwertung?

☐ **d)** eine Preissteigerung, die durch erhöhte Preise von Importwaren bedingt ist?

❹ Welche der folgenden Zahlungsbedingungen ist für den Käufer einer Ware am günstigsten?

☐ **a)** Per Nachnahme.   ☐ **b)** Innerhalb 14 Tagen 3% Skonto.

☐ **c)** Innerhalb drei Wochen netto.   ☐ **d)** Netto Kasse.

① **Lösung c)**
Die Rentabilität ist eine Kenngröße für den Erfolg eines Unternehmens. Sie bezeichnet das prozentuale Verhältnis zwischen dem Gewinn und dem eingesetzten Kapital.
Festverzinsliche Wertpapiere wie Anleihen, Kommunalobligationen und Pfandbriefe werden auch unter dem Begriff *Rentenwerte* zusammengefaßt.

② **Lösung c)**
Inflation (Geldentwertung) ist die starke Erhöhung der Geldmenge, der keine entsprechende Gütermenge gegenübersteht. Daraus folgt, daß sich das Preisniveau erhöht.
Abwertung ist die geringere Bewertung einer Geldwährung im internationalen Vergleich. Dies hat eine Änderung des Wechselkurses zur Folge.

③ **Lösung a)**
Hausse ist das starke Steigen einzelner Wertpapierkurse oder ganzer Gruppen von Effekten aufgrund starker Nachfrage.
Das Gegenteil zur Hausse nennt man *Baisse*.
Eine Preissteigerung, die durch erhöhte Preise von Importwaren erzeugt wird, nennt man »*importierte Inflation*«.

④ **Lösung b)**
Wenn Sie Waren mit den Zahlungsbedingungen »innerhalb 14 Tagen 3% Skonto« kaufen, so fahren Sie bei den in der Fragestellung angebotenen Zahlungsbedingungen am günstigsten. Denn diese Zahlungsform heißt: Sie können 3% vom Rechnungsbetrag abziehen, sofern Sie innerhalb von 14 Tagen bezahlen.

❺ Was versteht man unter »Tarifautonomie«?

☐ a) Freie Lohnvereinbarungen zwischen Arbeitgebern und Gewerkschaften.

☐ b) Die freie Entscheidung der Unternehmen, über die im Tarifvertrag festgelegten Leistungen hinaus »außertarifliche Zulagen« zu gewähren.

☐ c) Das Recht der Kommunen und der Verkehrsbetriebe, Fahrpreise auszuhandeln.

☐ d) Die Freiheit der Arbeitgeber mit jedem Angestellten individuelle Leistungen und Zahlungen auszuhandeln.

❻ Wie nennt man ein Wertpapier, das ein Anteils- beziehungsweise Mitgliedsrecht darstellt?

☐ a) Aktie.

☐ b) Dividende.

☐ c) Provision.

☐ d) Tantieme.

❼ Was versteht man unter Skonto?

☐ a) Skonto ist ein Preisnachlaß, der beim Großeinkauf gewährt wird.

☐ b) Skonto ist eine Vergütung für einen bestimmten Jahresumsatz und wird am Ende eines Abrechnungszeitraumes gewährt.

☐ c) Skonto ist ein Rechnungsabzug, der dem Kunden gewährt wird, um ihn zur Zahlung seiner Rechnung innerhalb einer bestimmten Frist zu veranlassen.

☐ d) Skonto ist ein Preisnachlaß, der von den Großhändlern an Einzelhändler für den Weiterverkauf von Waren gewährt wird.

⑤ **Lösung a)**
Tarifautonomie ist die im Grundgesetz Art. 9 Abs. 3 festgelegte Freiheit von Arbeitgeber- und Arbeitnehmerverbänden, Tarifverträge ihrem Inhalt nach unabhängig auszuhandeln, abzuschließen und auch wieder zu kündigen.

⑥ **Lösung a)**
Eine Aktie ist eine Urkunde, die dem Inhaber einen Teil am Gesamtvermögen einer Aktiengesellschaft mit bestimmten Unternehmensrechten garantiert.

⑦ **Lösung c)**
Während ein Preisnachlaß für große Mengen *Mengenrabatt* genannt wird, versteht man unter einer Vergütung, die sich an einem bestimmten Jahresumsatz orientiert, *Bonus.* Der Bonus wird meistens in Form einer Staffel angegeben, zum Beispiel: 2% ab 10000.– DM Jahresumsatz;
3% ab 30000,– DM Jahresumsatz.
Der Preisnachlaß, den ein Großhändler einem Einzelhändler gewährt, ist ein *Rabatt,* der die Gewinnspanne (Marge) des Einzelhändlers bestimmt. Der Rabatt bezieht sich immer auf den Marktpreis (Endverbraucherpreis).
Der Skonto ist, wie bereits in Antwortmöglichkeit c) formuliert, ein Rechnungsabzug, der einen Anreiz für eine zügige Zahlungsweise darstellt. In der Regel bewegt sich der Skonto zwischen 2% und 3% des Rechnungsbetrages. Gilt beispielsweise die Zahlungsvereinbarung: »14 Tage 2%/ 30 Tage netto«, so bedeutet dies, daß die Rechnung spätestens 30 Tage nach dem Ausstellungsdatum bezahlt werden muß. Erfolgt die Zahlung innerhalb 14 Tagen, kann der Rechnungsbetrag um 2% reduziert werden.

8 Welche Angaben müssen auf einer Scheckkarte enthalten sein?

☐ a) Ort und Tag der Ausstellung – Name der Bank – Scheck-nummer – Kontonummer.

☐ b) Name der Bank – Bankleitzahl – Ort und Tag der Ausstellung – Unterschrift des Karteninhabers – Kartennummer.

☐ c) Kartennummer – Unterschrift des Inhabers – Bankname – das Jahr der Gültigkeit – Kontonummer – Name des Konto-inhabers.

☐ d) Kontonummer des Inhabers – Name der Bank – Unterschrift des Karteninhabers – Kontonummer – Kartennummer.

9 Welche drei Formen der Personengesellschaft gibt es?

☐ a) Offene Handelsgesellschaft, Gesellschaft mit beschränkter Haftung, Aktiengesellschaft.

☐ b) Gesellschaft bürgerlichen Rechts, Gesellschaft mit be-schränkter Haftung, Offene Handelsgesellschaft.

☐ c) Kommanditgesellschaft, Offene Handelsgesellschaft, Aktien-gesellschaft.

☐ d) Gesellschaft bürgerlichen Rechts, Offene Handelsgesell-schaft, Kommanditgesellschaft.

10 Was versteht man unter einem Diskontsatz?

☐ a) Unterschied zwischen dem Nennwert eines Wertpapiers und seinem niedrigeren Ausgabekurs.

☐ b) Zinssatz, den die Notenbank für den Rediskont von Wech-seln durch Kreditinstitute verlangt.

☐ c) Zinssatz bei der Verpfändung von Wertpapieren.

☐ d) Preisnachlaß aufgrund einer Mengenstaffel.

11 Wo wurde zum ersten Mal Münzgeld als Zahlungsmittel verwendet?

☐ a) Ägypten. ☐ b) China. ☐ c) Türkei. ☐ d) Mexico.

⑧ **Lösung c)**

Hier können Sie die Antwort ganz leicht selbst nachprüfen, indem Sie einfach Ihre Euroscheckkarte einmal genau ansehen. Bei der Einlösung müssen Name des Kreditinstituts, Unterschrift des Kontoinhabers, Konto- und Kartennummer auf dem Euroscheck und der Euroscheckkarte übereinstimmen.

⑨ **Lösung d)**

Generell werden zwei große Gruppen im Gesellschaftsrecht unterschieden: *Personen- und Kapitalgesellschaften.* Bei Kapitalgesellschaften ist die Gesellschaft selbst eine juristische Person, für die die beteiligten natürlichen Personen nur mit ihrer Einlage haften. Die Gesellschaft mit beschränkter Haftung (GmbH) und die Aktiengesellschaft (AG) gehören zu dieser Gruppe. Personengesellschaften haben zumindest einen Vollhafter, der mit seinem gesamten persönlichen Vermögen hinter dem Unternehmen steht. Zu dieser Gesellschaftsform gehören die offene Handelsgesellschaft (OHG), die Kommanditgesellschaft (KG) sowie die Gesellschaft des bürgerlichen Rechts (BGB-Gesellschaft).

⑩ **Lösung b)**

Der Diskontsatz ist ein geldpolitisches Instrument, mit dem die Bundesbank die Liquidität der Banken beeinflussen kann. Es ist der Zinssatz, den die Bundesbank für die Übernahme von Wechseln verlangt.

Der Zinssatz bei der Verpfändung von Wertpapieren heißt *Lombardsatz.*

Der Unterschied zwischen dem Nennwert eines Wertpapiers und seinem niedrigeren Ausgabekurs wird *Disagio* genannt, ebenfalls der prozentuale Abzug von einer vereinbarten Darlehenssumme.

⑪ **Lösung c)**

Im westlichen Kleinasien, der heutigen Türkei, wurde während des Lydierreiches unter König Alayattes (615–560 v. Chr.) zum ersten Mal Münzgeld für den Zahlungsverkehr verwendet. Die Münzen bestanden aus einer bernsteinfarbigen Gold-Silber-Legierung, *Elektron* genannt.

12 Was versteht man unter einem Kartell?

□ a) Eine Unternehmenskonzentration, die durch den Zusammenschluß von Unternehmen der gleichen Branche entsteht.

□ b) Verschiedene Unternehmen der gleichen Branche verkaufen ihre Produkte alle unter dem gleichen Namen.

□ c) Eine wettbewerbsbehindernde Vereinbarung zwischen Unternehmen, in welcher Preise und Mengen der angebotenen Produkte vereinbart wurden.

□ d) Eine Institution in Berlin, die den Auftrag hat, die Qualität und Preisstabilität von Waren zu überprüfen.

13 Welche der folgenden Firmen ist keine Aktiengesellschaft?

□ a) VW.   □ b) Siemens.

□ c) Mannesmann.   □ d) Bosch.

14 Welche deutsche Firma benützt dieses Firmenzeichen?

□ a) Bayerische Motorenwerke.   □ b) S.E.L.

□ c) Rheinmetall.   □ d) Thyssen.

15 Wie heißt die brasilianische Währung?

□ a) Cruzeiro.   □ b) Real.

□ c) Cruzado.   □ d) Pesete.

16 Wann ist eine Aktie überzeichnet?

□ a) Wenn der Kurswert der Aktie den Nennwert übersteigt.

□ b) Wenn aufgrund von Spekulationsgeschäften der Kurswert der Aktie kurzfristig stark steigt.

□ c) Wenn eine neu auf den Markt kommende Aktie (Emission) derart gefragt ist, daß die Wünsche der Kunden nicht voll erfüllt werden können.

□ d) Wenn bei einer Namensaktie der Gläubiger wechselt und der Name des neuen Gläubigers im Aktienbuch eingetragen wird.

⑫ **Lösung c)**

Bei einem Kartell handelt es sich um eine wettbewerbsbehindernde Vereinbarung zwischen Unternehmen, mit der Preise und Mengen der angebotenen Produkte vereinbart werden. Die beteiligten Unternehmen sind rechtlich und wirtschaftlich weitgehend selbständig, arbeiten jedoch auf der gleichen Wirtschaftsstufe oder in der gleichen Branche. Ihr Zusammenschluß führt zu einer Angebotsreduzierung und damit zu einer Beschränkung des Wettbewerbs.

Das in der Bundesrepublik bestehende Kartellgesetz (GWB = Gesetz gegen Wettbewerbsbeschränkungen) hat zum Ziel, der Kartellbildung gesetzlich entgegenzuwirken.

⑬ **Lösung d)**

Bei der Robert Bosch GmbH handelt es sich um eine Gesellschaft mit beschränkter Haftung. Im Gegensatz zu einer Aktiengesellschaft werden die Unternehmensanteile nicht von Aktionären, sondern von Gesellschaftern gehalten.

⑭ **Lösung b)**

Bei dem Symbol handelt es sich um das Firmenzeichen der S.E.L. (Standard Elektrik Lorenz AG). Die wesentlichen Tätigkeitsbereiche sind die Nachrichtentechnik, die Unterhaltungselektronik sowie Bauelemente.

⑮ **Lösung b)**

Die brasilianische Währung heißt Real. Zuvor hießen die brasilianischen Währungen *Cruzeiro* und *Cruzado*.
Pesete heißt die spanische Währung.

⑯ **Lösung c)**

Wird eine Aktie auf dem Markt eingeführt, spricht man von *Emission*. Ist bei der Emission die Nachfrage nach den Aktien größer als das Angebot, so spricht man von Überzeichnung. Eine Aktie ist dann schnell überzeichnet, wenn der Kunde glaubt, daß der Emissionskurs unter dem später gehandelten Börsenkurs liegt. Ist die Aktie überzeichnet, so wird die Emissionsbank Aktien zuteilen, und der Kunde wird nur einen Teil der bestellten Aktienmenge erhalten.

17 Wie hieß der Vorgänger der 1948 eingeführten DM?

☐ a) Reichsmark. ☐ b) Mark der deutschen Notenbank.

☐ c) Mark des Reiches. ☐ d) Rentenmark.

18 Was versteht man unter einem Kurzläufer?

☐ a) Ein Produkt, das aufgrund geringer Nachfrage sich nur wenige Jahre auf dem Markt halten kann (Flop).

☐ b) Festverzinsliches Wertpapier mit einer Laufzeit bis zu vier Jahren.

☐ c) Ein Kredit, der innerhalb eines Jahres an die Bank zurückbezahlt werden muß.

☐ d) Liquiditätsschwierigkeit einer Bank aufgrund hoher Auszahlungen.

19 Wofür steht die Abkürzung IHK?

☐ a) Internationale Handelskommission.

☐ b) Internationale Handwerkskammer.

☐ c) Internationale Hotelleriekommission.

☐ d) Industrie- und Handelskammern.

20 Aus welchen vier Bestandteilen besteht das »Magische Viereck«, so wie es §1 des Gesetzes zur Förderung der Stabilität und des Wachstums der Wirtschaft vorsieht?

☐ a) Hoher Beschäftigungsgrad, Preisniveau-Stabilität, stetiges und angemessenes Wachstum, außenwirtschaftliches Gleichgewicht.

☐ b) Verteilungsgerechtigkeit, außenwirtschaftliches Gleichgewicht, wirtschaftliches Wachstum, Vollbeschäftigung.

☐ c) Preisstabilität, rationaler Einsatz von Produktivgütern, wirtschaftliches Wachstum, hoher Beschäftigungsgrad.

☐ d) Außenwirtschaftliches Gleichgewicht, stetiges und angemessenes Wachstum, gesamtwirtschaftliches Gleichgewicht, Preisniveaustabilität.

⑰ **Lösung a)**

Die Reichsmark war die offizielle Währung von 1924 bis zur Währungsreform 1948.

Die Mark der deutschen Notenbank war die Währung der DDR in den Jahren 1964 bis 1967.

Die *Rentenmark* war der Vorgänger der 1924 eingeführten Reichsmark.

⑱ **Lösung b)**

Bei festverzinslichen Wertpapieren versteht man unter Laufzeit die Zeit zwischen der Ausgabe des Papiers und seiner Rückzahlung. Die Laufzeiten sind stark von der Marktsituation abhängig.

Kurzläufer sind festverzinsliche Wertpapiere mit einer Laufzeit von maximal vier Jahren.

⑲ **Lösung d)**

Die Industrie- und Handelskammern (IHK) sind Körperschaften des öffentlichen Rechts mit einer Pflichtmitgliedschaft aller Gewerbetreibenden im festgelegten Kammerbezirk.

⑳ **Lösung a)**

Das »Magische Viereck« besteht aus:

Da die Ziele jedoch nicht immer miteinander zu vereinbaren sind, bedarf es einer Magie, die Ziele zu erreichen. Daher der Name »Magisches Viereck«.

㉑ Als »Nord-Süd-Konflikt« bezeichnet man den Interessen-gegensatz zwischen

☐ **a)** den norddeutschen und den süddeutschen Bundesländern.

☐ **b)** den SPDregierten und CDUregierten Ländern.

☐ **c)** den Nordstaaten und Südstaaten der USA.

☐ **d)** den Industrienationen und den Entwicklungsländern.

㉒ Was ist der Dow-Jones-Index?

☐ **a)** Indikator der Lebenshaltungskosten.

☐ **b)** Aktienindex.

☐ **c)** Kenngröße der Zahlungsbilanz der USA.

☐ **d)** Kenngröße der Handelsbilanz der USA.

㉓ Wie definieren Sie Bruttosozialprodukt?

☐ **a)** Die Summe aller Güter, die innerhalb eines Jahres in der Bundesrepublik produziert wurden.

☐ **b)** Volkseinkommen eines Jahres.

☐ **c)** Die Summe aller Güter und Dienstleistungen, die von einer Volkswirtschaft während eines bestimmten Zeitraums erzeugt wurden.

☐ **d)** Die Summe aller Sozialleistungen, die der Staat in seinem Bundeshaushalt bereitstellt.

㉔ Wer ist Milton Friedman?

☐ **a)** Amerikanischer Volkswirtschaftler und Vertreter des Monetarismus.

☐ **b)** Amerikanischer Wirtschaftsminister.

☐ **c)** Präsident der Federal Reserve Bank.

☐ **d)** Britischer Finanzminister.

㉑ **Lösung d)**

Der »Nord-Süd-Konflikt« ist der Interessengegensatz zwischen den industriell hochentwickelten und industriell unterentwickelten Staaten der Erde. Dies ist geographisch sichtbar in der Nord-Süd-Unterteilung, da die Industriestaaten fast ausschließlich auf der Nordhalbkugel der Erde zu finden sind, während die Entwicklungsländer sich im Süden befinden.

㉒ **Lösung b)**

Der Dow-Jones-Index setzt sich aus 30 an der New Yorker Wertpapierbörse gehandelten Industrieaktien zusammen, deren Tagesschlußkurse einen Durchschnittswert für die Gesamtentwicklung des Aktienmarktes geben.

㉓ **Lösung c)**

Das Bruttosozialprodukt umfaßt die Gesamtheit aller Güter und Dienstleistungen einer Volkswirtschaft.

Werden die Abschreibungen noch abgezogen, so gelangt man zum *Nettosozialprodukt.* Werden darüber hinaus noch indirekte Steuern und Subventionen berücksichtigt, erhält man das Nettosozialprodukt zu Faktorkosten, was dem Volkseinkommen entspricht.

㉔ **Lösung a)**

Milton Friedman, geboren 1912 in Brooklyn, ist ein Volkswirtschaftler und hat sich besonders durch seine quantitätstheoretischen Gedanken als Monetarist einen Namen gemacht. Seine Theorie hält die Geldmenge für die wichtigste Kenngröße. Die Geldmengenänderung müsse sich langfristig an der Wachstumsrate des realen Sozialproduktes orientieren, um Geldwertstabilität und Wachstum sichern zu können. Friedman erhielt 1976 den Nobelpreis für Wirtschaftswissenschaften.

㉕ Was ist ein Broker?

☐ **a)** Schwarzmarkthändler.

☐ **b)** Einbrecher.

☐ **c)** Wertpapierhändler und -berater.

☐ **d)** Produzent einer Musikgruppe.

㉖ Was ist ein Kontenrahmen?

☐ **a)** Kredit-Obergrenze.

☐ **b)** Organisations- und Gliederungsplan für die Konteneinteilung bei der Buchführung.

☐ **c)** Die Geschäftsbedingungen eines Kreditinstitutes.

☐ **d)** Oberbegriff für Sparkonten, Girokonten und Wertpapierverrechnungskonten.

㉗ Was versteht man unter einem Trust?

☐ **a)** Ein Geschäft auf Vertrauensbasis.

☐ **b)** Eine Goldmine.

☐ **c)** Eine Bürgschaft.

☐ **d)** Den Zusammenschluß mehrerer Unternehmen mit dem Ziel einer Stärkung der Marktstellung.

㉘ Was ist der Deutsche Industrie- und Handelstag?

☐ **a)** Der 1. Mai (Feiertag).

☐ **b)** Einmal im Jahr stattfindender Kongreß der Vorstände deutscher Wirtschaftsunternehmen.

☐ **c)** Treffen von Regierung, Arbeitgebern und Gewerkschaften zur Abstimmung wirtschaftlicher Rahmendaten.

☐ **d)** Spitzenorganisation der Industrie- und Handelskammern in der Bundesrepublik Deutschland.

㉕ **Lösung c)**
Ein Broker ist ein Wertpapierhändler und -berater, der auf eigenen Namen oder im Fremdauftrag Geschäfte an den englischen und amerikanischen Wertpapierbörsen abwickelt.
Ein Schwarzmarkthändler ist ein *Dealer*.

㉖ **Lösung b)**
Der Kontenrahmen ist ein Organisations- und Gliederungsplan für die Konteneinteilung. Der Kontenrahmen dient als Grundlage für die Kontenpläne der einzelnen Unternehmungen und soll die Verbuchung der Geschäftsvorfälle vereinheitlichen. Die Kontenrahmen umfassen einheitlich zehn Kontenklassen, die wiederum in Kontengruppen unterteilt sind.

㉗ **Lösung d)**
Das Wort Trust leitet sich aus dem Englischen ab und bedeutet *Treuhandgesellschaft*. Darunter versteht man den Zusammenschluß mehrerer Unternehmen, meistens der gleichen Branche, mit dem Ziel, eine starke Marktstellung oder gar Marktbeherrschung zu erlangen. Der Trust entsteht durch Fusion oder durch Übertragung von Aktienmehrheiten auf eine Dachgesellschaft. Die früher eigenständigen Unternehmen sind praktisch nur noch Einzelbetriebe des Trusts.

㉘ **Lösung d)**
Der Deutsche Industrie- und Handelstag ist die Spitzenorganisation der Industrie- und Handelskammer. Er hat seinen Sitz in Bonn und stellt die Interessenvertretung der gewerblichen Wirtschaft in politischen und wirtschaftlichen Fragen dar.
Der *1. Mai* ist der Tag der Arbeit, der an die Arbeiterbewegungen erinnert.
Treffen zwischen Regierung und den Tarifvertragsparteien finden im Rahmen *konzertierter Aktionen* statt mit dem Ziel einer Verbesserung der Wirtschafts- und Arbeitsmarktbedingungen.

㉙ Was ist ein Ecu?

☐ **a)** Innerhalb Europas vereinheitlichtes Gewichtsmaß.

☐ **b)** Abkürzung für »Europäische Kreditunion«.

☐ **c)** Einheit des europäischen Währungssystems (EWS).

☐ **d)** Schweizer Autobahnplakette.

㉚ Was versteht man unter dem Europäischen Wirtschaftsraum?

☐ **a)** Organisation für Wirtschaftliche Zusammenarbeit und Entwicklung.

☐ **b)** Staaten, die grundsätzlich den freien Verkehr von Waren, Personen, Dienstleistungen und Kapital garantieren.

☐ **c)** In den EU-Ländern entfallen die Grenzkontrollen.

☐ **d)** Staaten, die nicht der EU beigetreten sind und dennoch Zollfreiheit für Industrieerzeugnisse garantieren.

㉛ Was versteht man unter dem Kürzel »fob«?

☐ **a)** Vertragsklausel, nach der der Verkäufer sämtliche anfallenden Kosten übernimmt.

☐ **b)** Lieferbedingung, bei der der Verkäufer die Kosten für Fracht, Verladegebühren und Versicherungen trägt.

☐ **c)** Risikoklausel im Außenhandelsgeschäft, bei der der Verkäufer die Kosten und das Risiko für die Ware bis zu dem Zeitpunkt übernimmt, an dem die Waren am Verschiffungshafen tatsächlich über die Reling des Schiffes gebracht wurde.

☐ **d)** Vereinbarung, bei der das Transportrisiko beim Kunden liegt.

㉜ Was ist eine Optionsanleihe?

☐ **a)** Schuldverschreibung einer Aktiengesellschaft.

☐ **b)** Leihgeschäft in festverzinslichen Wertpapieren über einen festen Zeitraum.

☐ **c)** Kredit, der durch die Eintragung einer Hypothek im Grundbuch abgesichert ist.

☐ **d)** Anleihe, die von einem internationalen Konsortium ausgegeben und gleichzeitig in mehreren Ländern angeboten wird.

㉙ **Lösung c)**

Ecu ist die offizielle europäische Währungseinheit. Die Bezeichnung leitet sich aus dem englischen *European Currency Unit* ab.

㉚ **Lösung b)**

Der Europäische Wirtschaftsraum existiert seit dem 1.1.1994. Die 15 Mitgliedsstaaten der Europäischen Union, der Europäischen Freihandelsassoziation (EFTA) sowie Norwegen, Liechtenstein und Island bilden den Wirtschaftsraum in dem grundsätzlich alle Waren, Personen, Dienstleistungen und Kapital verkehren lönnen. Technische Handelsbarrieren wie unterschiedliche Maße und Gewichte sowie Zölle werden abgeschafft. Die *Organisation für Wirtschaftliche Zusammenarbeit und Entwicklung (OECD)* umfaßt 25 Mitgliedsländer und zielt auf die Förderung des Wirtschaftsaufbaus bei Vollbeschäftigung und Währungsstabilität.

㉛ **Lösung c)**

Fob steht für *»free on board«* und ist eine gängige Kosten- und Risikoklausel im Außenhandelsgeschäft, bei der Kosten und Haftung mit Verladung der Ware im Exporthafen an den Kunden übergehen.

Foc bedeutet *»free of charge«*. Der Verkäufer trägt alle anfallenden Kosten. *Cif* steht für *»cost, insurance, freight«*. Hier trägt der Lieferer alle Kosten, bis die Ware im Bestimmungshafen ankommt. Hat der Kunde alle Kosten zu tragen, so erfolgt die Lieferung *»ab Werk«*.

㉜ **Lösung a)**

Eine Optionsanleihe ist die Schuldverschreibung einer Aktiengesellschaft. Mit der Optionsanleihe erwirbt der Inhaber das Recht, innerhalb eines bestimmten Zeitraums zu einem bestimmten Kurs Aktien der Gesellschaft zu erwerben. Im Gegensatz zur Wandelanleihe werden Optionsanleihen beim Erwerb der Aktie nicht in Zahlung genommen, sondern nach Ende der Laufzeit zum Nennwert zurückgezahlt.

Leihgeschäfte mit festverzinslichen Wertpapieren werden auch als *Pensionsgeschäfte* bezeichnet.

Internationale Anleihen, die gleichzeitig in mehreren Ländern angeboten werden, werden *Euro-Bonds* genannt.

33 Zu welchem Land gehört die Währungseinheit Forint?

☐ a) Griechenland.　　　　☐ b) Finnland.

☐ c) Ungarn.　　　　　　　☐ d) Jugoslawien.

34 Was ist ein Debitor?

☐ a) Geldgeber.　　　　　☐ b) Belastung.

☐ c) Schuldner.　　　　　☐ d) Kontenrahmen.

35 Was bedeutet am Beispiel des Kurses der ZEAG das G hinter dem Wert?

VW V.A.	11	246,80b	249,50b
WMF St.A.	0	222,50b	222,00G
WMF V.A.	0	190,00bG	190,00bG
Wolldeck.Weil	0	105,00B	103,00G
Württ. Cattun	16	1120,0TG	1150,0TG
Württ. Elektro	8	285,00B	275,00TB
Württ. Leinen(100)	10	1830,0b	1830,0G
ZEAG	11	369,00G	369,00G
Zeiss Ikon(100)	10	310,00B	310,00B
ZWL	8	365,00TB	359,00b

☐ a) Es lagen mehr Kaufaufträge vor als Verkaufsaufträge.

☐ b) Es lagen mehr Verkaufsaufträge vor als Kaufaufträge.

☐ c) Die Aktie war sehr gesucht, und daher stieg der Kurs.

☐ d) Von Kaufinteressenten wurde der Preis von 369,– DM pro Aktie geboten.

36 Auf welcher Note der amerikanischen Währung ist das Weiße Haus abgebildet?

☐ a) 1-Dollar-Note.　　　　☐ b) 5-Dollar-Note.

☐ c) 10-Dollar-Note.　　　☐ d) 20-Dollar-Note.

③③ **Lösung c)**

Die Währungseinheit von Ungarn heißt Forint.

Das griechische Geld nennt man *Drachmen*.

Die finnische Währung heißt *Finnmark*.

Dinar ist die Bezeichnung der jugoslawischen Währungseinheit.

③④ **Lösung c)**

Ein Debitor ist ein Schuldner. Der Begriff wird hauptsächlich in der Buchführung verwendet, wenn auf einem Debitorenkonto die Forderungen gegenüber einem Kunden mit dessen Zahlungen verrechnet werden. Eine Belastungsanzeige wird als *Debitnote* bezeichnet.

③⑤ **Lösung d)**

G steht für Geld, es wurden für den Kurs von 369,– DM Aktien auf dem Markt zu kaufen gesucht.

b bedeutet *bezahlt*, d.h. – es fand ein Aktienhandel zu dem angegebenen Kurs statt.

bG in Kombination, wie bei den Aktien der WMF V.A. in unserem Beispiel, bedeutet, daß ein Aktienhandel zu dem Kurs stattfand, allerdings weitere Kaufaufträge für diesen Kurs vorlagen, für die keine Verkäufer vorhanden waren.

B (Brief) bedeutet, daß Aktien zu dem genannten Kurs angeboten wurden, aber keine Käufer vorhanden waren.

Bei *T* (Tax) wurde der Kurs geschätzt; es fanden jedoch keine Verkäufe/Käufe statt; *e* bedeutet *ex Dividende,* das heißt, es handelt sich um den Kurs nach Zahlung der Dividende.

③⑥ **Lösung d)**

Das Weiße Haus ist auf der 20-Dollar-Note abgebildet.

5-Dollar-Note mit dem Lincoln-Memorial

10-Dollar-Note mit dem Schatzamt

20-Dollar-Note mit dem Weißen Haus

❸❼ Was ist ein Talon?

☐ a) Das eigentliche Wertpapier, die Urkunde.

☐ b) Erneuerungsschein an Wertpapieren, der zum Empfang eines neuen Dividenden- oder Zinsbogens berechtigt.

☐ c) Festverzinsliches Wertpapier, das auf den Namen des Inhabers lautet.

☐ d) Wertpapiergeschäft, das die Kursunterschiede an verschiedenen Börsen ausnutzt.

❸❽ Was sind frei konvertierbare Währungen?

☐ a) Währungen, die im Tauschwert zu anderen Währungen fest gebunden sind.

☐ b) Währungen, die nicht ausgeführt werden dürfen.

☐ c) Währungen, die im Gegensatz zum offiziellen Kurs einen freien, meist höheren Schwarzmarktkurs haben.

☐ d) Währungen, die ohne Beschränkungen in andere (ausländische) Zahlungsmittel umwandelbar sind.

❸❾ Welche Aufgabe hat der IWF (Internationaler Währungsfonds)?

☐ a) Finanzierung von Projekten in Entwicklungsländern.

☐ b) Förderung der Zusammenarbeit der Zentralbanken und Schaffung von Möglichkeiten neuer internationaler Bankgeschäfte.

☐ c) Europäische Zusammenarbeit mit Blick auf den gemeinsamen Binnenmarkt.

☐ d) Bis 1973 war die Aufgabe die Überwachung der Spielregeln der im Bretton-Woods-Abkommen festgelegten Wechselkurse. Seither sorgt der IWF für Kredite bei Zahlungsbilanzschwierigkeiten.

Lösung b)

Ein Talon ist ein Erneuerungsschein an Wertpapieren, der zum Empfang neuer Dividenden-Coupons berechtigt, sollten diese aufgebraucht sein.

Die eigentliche Wertpapierurkunde wird *Mantel* genannt.

Der anglo-amerikanische Ausdruck für festverzinsliche Wertpapiere, die auf den Namen des Inhabers lauten, ist *Bond*.

Eine *Arbitrage* ist ein Wertpapiergeschäft, das von den Kursunterschieden an verschiedenen Börsenplätzen lebt.

 Lösung d)

Frei konvertierbare Währungen können ohne Beschränkungen in andere (ausländische) Zahlungsmittel umgetauscht werden. Die Deutsche Mark wurde am 1. 7. 1958 voll konvertibel.

㊵ **Lösung d)**

Der Internationale Währungsfonds (IWF) wurde im Dezember 1945 aufgrund des Bretton-Woods-Abkommens gegründet. Aufgabe des Fonds war die Überwachung der festgesetzten Wechselkurse, die aber 1973 aufgehoben wurden. Seither liegt die Hauptaufgabe im Gebiet der Förderung der Währungsstabilität und der Förderung der Zusammenarbeit auf dem Gebiet der Währungspolitik.

Die *Weltbank*, die ebenfalls anläßlich der Bretton-Woods-Konferenz gegründet wurde, finanziert Projekte in Entwicklungsländern.

Die *Bank für Internationalen Zahlungsausgleich* (BIZ) mit Sitz in Basel fördert die Zusammenarbeit der nationalen Notenbanken.

40 Was sind Berichtigungsaktien?

☐ **a)** Aktien, die die Mitarbeiter eines Unternehmens in der Regel zu einem Vorzugskurs angeboten bekommen.

☐ **b)** Aktien, die ausgegeben werden, wenn die Gesellschaft offene Rücklagen in dividendeberechtigtes Grundkapital umwandelt.

☐ **c)** Aktien, die ausgegeben werden, wenn das Gesellschaftskapital erhöht wird.

☐ **d)** Aktien, die ausgegeben werden, wenn zwei Unternehmen fusionieren.

41 Welcher Bereich gehört nicht zur gesetzlichen Sozialversicherung?

☐ **a)** Rentenversicherung.

☐ **b)** Lebensversicherung.

☐ **c)** Krankenversicherung.

☐ **d)** Unfallversicherung.

42 Was versteht man unter der Offenmarktpolitik der Bundesbank?

☐ **a)** Banken kaufen Wechsel vor dem Fälligkeitsdatum ab und zahlen dem Verkäufer den Betrag abzüglich des Diskonts bar aus. Die Bank wiederum verkauft oftmals den Wechsel an die Bundesbank, die vom Wechselbetrag den Rediskontsatz abzieht. Den Ankauf derartiger Wechsel nennt man Offenmarktpolitik.

☐ **b)** Die Bundesbank greift durch Veränderung der Einlagen, die die Banken bei der Bundesbank zu hinterlegen haben, offen am Markt ein.

☐ **c)** Die Bundesbank steuert mit dem Lombardsatz die Liquidität bei den Banken.

☐ **d)** Die Bundesbank kauft und verkauft an Börsen Wertpapiere und Schuldverschreibungen.

④ Lösung b)

Berichtigungsaktien werden ausgegeben, wenn ein Unternehmen offene Rücklagen in dividendenberechtigtes Grundkapital umwandelt (Kapitalerhöhung aus Gesellschaftsmitteln).

Belegschaftsaktien werden den Mitarbeitern eines Unternehmens meist zu einem Vorzugspreis angeboten. Bei *Kapitalerhöhungen* wird den Aktionären der Bezug neuer Aktien angeboten.

④ Lösung b)

Die Lebensversicherung gehört nicht zur Sozialversicherung, sondern in den Bereich der privaten Altersvorsorge.
Die Sozialversicherung besteht aus den Bereichen *Renten-, Kranken-, Unfall-* und *Arbeitslosenversicherung.*

④ Lösung d)

Bei der Offenmarktpolitik der Bundesbank handelt es sich um die Steuerung des Geldmarkts durch An- und Verkauf von Wertpapieren und Schuldverschreibungen am offenen Markt. Beim Kauf derartiger Papiere fließt dem Markt mehr Geld zu, die Liquidität wird erhöht.

43 Was ist ein Akkreditiv?

☐ **a)** Zulassung einer Bank, im Ausland Geschäfte zu tätigen.

☐ **b)** Übertragung aller Rechte aus einem Wechsel an einen Dritten.

☐ **c)** Warenbegleitpapier im Seefrachtverkehr, das gleichzeitig als Ablieferungsverpflichtung des Transporteurs an den legitimierten Empfänger der Ware dient.

☐ **d)** Verpflichtungserklärung einer Bank zur Zahlung eines Betrages unter fest definierten Voraussetzungen.

44 Was beinhaltete der Morgenthau-Plan?

☐ **a)** Entmilitarisierung Deutschlands und Reduzierung auf ein reines Agrarland.

☐ **b)** Stärkung der Widerstandskraft der europäischen Staaten durch wirtschaftliche Hilfe.

☐ **c)** Die Verwaltung sowjetischen Vermögens in der Besatzungszone Österreich bis zum Abschluß des Staatsvertrages über die Neutralität Österreichs.

☐ **d)** Die Aufnahme der Bundesrepublik in die Vereinten Nationen.

45 Wie lang ist ein 10-DM-Schein?

☐ **a)** 16 cm   ☐ **b)** 20 cm   ☐ **c)** 13 cm   ☐ **d)** 18 cm

46 In welcher Straße findet man in New York die »Stock Exchange«?

☐ **a)** Fleet Street.   ☐ **b)** Wall Street.

☐ **c)** Broadway.   ☐ **d)** Time Square.

47 Sie erwerben einen Pfandbrief mit einem Nominalzins von 6 % und einer einjährigen Laufzeit zum Kurs von 120. Wie groß ist die Rendite?

☐ **a)** 6 %   ☐ **b)** 7 %   ☐ **c)** 5,5 %   ☐ **d)** 5 %

(43) **Lösung d)**

Das Akkreditiv ist die Zahlungszusage einer Bank, z. B. bei Übernahme der Warenbegleitpapiere (Konnossement = Frachtbrief im Seefrachtverkehr), einen bestimmten Betrag zu bezahlen. Akkreditive werden im Außenwirtschaftsverkehr zur Absicherung des Exporteurs eingesetzt. Die Übertragung der Rechte aus einem Wechsel wird *Indossament* genannt.

(44) **Lösung a)**

Der Morgenthau-Plan, entwickelt von Henry Morgenthau, amerikanischer Finanzminister von 1934 bis 1945, sah die Demontage der Industrieanlagen in Deutschland vor und die Reduzierung Deutschlands auf ein reines Agrarland. Dieser von Roosevelt bereits unterschriebene Plan wurde vom Präsidenten jedoch wieder zurückgezogen.

George Marshall, amerikanischer Außenminister von 1947 bis 1949, vertrat die Ansicht, daß das Expansionsstreben des Ostblocks eingedämmt werden müsse, am besten durch starke europäische Länder. Der nach ihm benannte Plan sah Kredite und Wiederaufbauprogramme für Europa vor.

(45) **Lösung c)**

Ein 10-DM-Schein hat das Format 13 cm Länge und 6,5 cm Höhe. Auf dem 10-DM-Schein ist der Mathematiker und Naturwissenschaftler Carl Friedrich Gauß abgebildet.

(46) **Lösung b)**

Das Finanzzentrum New Yorks befindet sich in dem Viertel um die Wall Street, ganz im Süden Manhattans.

Die *Fleetstreet* in London steht für die Presse und den Zeitungsdruck. In den letzten Jahren verlagern aber immer mehr Verlage ihre Produktionsstätten in Londoner Vororte.

(47) **Lösung d)**

Die Rendite liegt bei einem Kurs von 120 unter der Nominalverzinsung von 6%.

Und zwar wird die Rendite mit der einfachen Formel:

$\frac{\text{Zinssatz} \times 100}{\text{Kaufkurs}}$ berechnet. Dies ist in unserem Beispiel:

$$\frac{6 \times 100}{120} = \frac{600}{120} = 5$$

48 Was sind Paritäten?

☐ a) Abstimmungen in einer Aktionärshauptversammlung, die zu Stimmengleichheit führen.

☐ b) Zum Nennwert ausgegebene Wertpapiere.

☐ c) Wechselkurse zwischen Währungen.

☐ d) Aufsichtsräte, die mit der gleichen Zahl von Arbeitnehmer- und Anteilseignervertretern besetzt sind.

49 Was bezeichnet man als Annuität?

☐ a) Sammelbegriff für festverzinsliche Schuldverschreibungen.

☐ b) Jährlicher Zahlungsbetrag eines Schuldners zur Abtragung einer Schuld.

☐ c) Ratenweise Tilgung einer Schuld entsprechend einem festgelegten Plan.

☐ d) Wirtschaftliche Unabhängigkeit eines Landes von anderen Ländern.

50 Was bezeichnet die Arbeitslosenquote?

☐ a) Anteil der Arbeitslosen an der Gesamtbevölkerung.

☐ b) Gesamtzahl der Arbeitslosen in Millionen.

☐ c) Prozentualer Anteil der Arbeitslosen bezogen auf die Gesamtzahl der abhängig Beschäftigten.

☐ d) Anteil der Arbeitslosen an der Gesamtbevölkerung, die im arbeitsfähigen Alter ist.

51 Was ist ein Konsortium?

☐ a) Gerichtliches Verfahren zur Befriedigung der Gläubiger bei zahlungsunfähigen oder überschuldeten Schuldnern.

☐ b) Zusammenschluß rechtlich und wirtschaftlich selbständiger Unternehmen mit dem Ziel der Wettbewerbsbeschränkung.

☐ c) Rechtliche und wirtschaftliche Verschmelzung von mehreren Unternehmen.

☐ d) Zeitlich begrenztes Zusammenwirken mehrerer Unternehmen zur gemeinschaftlichen Durchführung eines bestimmten Geschäftes.

㊽ **Lösung c)**
Mit Paritäten werden die Wechselkurse verschiedener Währungen zueinander bezeichnet.
Ein zum Nennwert ausgegebenes Wertpapier ist eine *Pari-Emission.*
Antwortalternative d) definiert paritätisch besetzte Aufsichtsräte.

㊾ **Lösung b)**
Die Annuität ist der jährliche Zahlungsbetrag eines Kreditnehmers zur Abtragung seiner Schuld. Die Annuität setzt sich aus der Tilgung und der Verzinsung zusammen.
Anleihe ist der Sammelbegriff für festverzinsliche Schuldverschreibungen.
Als *Amortisation* wird die ratenweise Tilgung einer Schuld, die sich meistens nach einem festgelegten Plan vollzieht, bezeichnet.
Autonomie ist die Unabhängigkeit eines Landes von anderen Ländern.

㊿ **Lösung c)**
Die Arbeitslosenquote ist ein Index, der aus der Gesamtzahl der registrierten Arbeitslosen, bezogen auf die Gesamtzahl der abhängig Beschäftigten, gewonnen wird. Ein Unternehmer, der zum Beispiel Konkurs angemeldet hat, wird somit nicht als Arbeitsloser erfaßt.

(51) **Lösung d)**
Unter einem Konsortium versteht man das zeitlich begrenzte Zusammenwirken mehrerer Unternehmen zur gemeinschaftlichen Durchführung eines bestimmten Geschäftes. Konsortien werden oft von Banken gebildet zur Emission von Wertpapieren.
Ein gerichtliches Verfahren zur Befriedigung der Gläubiger ist ein *Konkurs.*
Der grundsätzlich unzulässige Zusammenschluß von Unternehmen mit dem Ziel der Wettbewerbsbeschränkung wird *Kartell* genannt.
Die Verschmelzung von Unternehmen ist eine *Fusion.*

52 Was versteht man unter Courtage?

☐ **a)** Gebühr, die Kurorte von ihren Gästen verlangen.

☐ **b)** Gebühr, die Börsenmakler für die Vermittlung von Börsengeschäften erhalten.

☐ **c)** Bestand an Wertpapieren.

☐ **d)** Gebühr, die die Kreditinstitute für die Verwahrung und Verwaltung von Wertpapieren berechnen.

53 Was versteht man unter einer Quellensteuer?

☐ **a)** Steuer, die auf alkoholischen Getränken liegt.

☐ **b)** Steuer, die von den Dividenden gutschreibenden Institutionen gleich an das Finanzamt weitergeleitet wird.

☐ **c)** Steuer, die auf die Wertschöpfung pro Herstellungs- oder Handelsstufe erhoben wird.

☐ **d)** Steuer, die aufgrund nachgewiesener Einnahmen an das Finanzamt abgeführt werden muß.

54 Woraus setzt sich eine Schwedische Krone zusammen?

☐ **a)** Aus 100 Öre.

☐ **b)** Aus 100 Pennia.

☐ **c)** Aus 10 Cents.

☐ **d)** Aus 100 Aurar.

55 In welcher Besetzung tagen die Kammern der Arbeitsgerichte?

☐ **a)** Mit einem Berufsrichter.

☐ **b)** Mit drei Berufsrichtern.

☐ **c)** Mit einem Berufsrichter und zwei ehrenamtlichen Richtern.

☐ **d)** Mit drei Berufsrichtern und zwei ehrenamtlichen Richtern.

Lösung b)

Courtage ist eine Gebühr, die bei der Vermittlung von Börsengeschäften anfällt, wie auch bei der Vermittlung von Immobilien.

Die *Kurtaxe* ist die Gebühr der Kurorte.

Depotgebühren werden von den Kreditinstituten für die Verwahrung von Wertpapieren berechnet.

53 Lösung b)

Die Quellensteuer ist im Gegensatz zur Einkommensteuer eine anonyme Steuer, die beim Lohn oder bei Dividenden von der auszahlenden Stelle (Kreditinstitut oder Arbeitgeber) direkt an das Finanzamt abgeführt wird. Quellensteuern sind die Kapitalertragssteuer und die Lohnsteuer. Diese Steuern können später beim Lohnsteuerjahresausgleich oder bei der Einkommensteuerveranlagung angerechnet werden.

Die *Mehrwertsteuer* ist eine Steuer, die den von Herstellungsstufe zu Herstellungsstufe oder von Handelsstufe zu Handelsstufe entstehenden Mehrwert besteuert.

54 Lösung a)

Eine Schwedische Krone besteht aus 100 Ören. *100 Pennia* sind eine Finnmark. *100 Aurar* sind eine Isländische Krone.

55 Lösung c)

Die Kammer des Arbeitsgerichts setzt sich aus einem Berufsrichter und zwei ehrenamtlichen Richtern zusammen. Bei den ehrenamtlichen Richtern handelt es sich jeweils um einen Vertreter der Arbeitgeberseite und der Arbeitnehmerseite. Die ehrenamtlichen Richter haben bei der Urteilsfindung das gleiche Stimmrecht wie der Berufsrichter.

Beim *Bundesarbeitsgericht* setzt sich der Senat aus drei Berufsrichtern und je einem Vertreter von Arbeitgeber- und Arbeitnehmerseite zusammen.

56 1945 wurde auf Beschluß der Alliierten das Vermögen der Interessen-Gemeinschaft Farbenindustrie AG beschlagnahmt. 1952 bildeten sich mehrere einzelne IG-Farben-Nachfolgegesellschaften. Dabei spricht man von drei Hauptnachfolgern. Welche der genannten Firmen ist kein IG-Farben-Nachfolger?

☐ a) BASF   ☐ b) AEG   ☐ c) Hoechst   ☐ d) Bayer

57 Was versteht man unter Insolvenz?

☐ a) Vereinbarung zwischen Gläubiger und Schuldner bei Zahlungsunfähigkeit des Schuldners.

☐ b) Gerichtliches Verfahren zur Befriedigung der Gläubiger bei Zahlungsunfähigkeit des Schuldners.

☐ c) Einzug fälliger Forderungen.

☐ d) Zahlungsunfähigkeit beziehungsweise Überschuldung.

58 Wer war Gottlieb Duttweiler?

☐ a) Gründer des Wasch- und Putzmittelherstellers Henkel.

☐ b) Gründer der schweizerischen Migros AG.

☐ c) Gründer von Fiat.

☐ d) Gründer der Trumpf-Schokoladenfabrik.

59 Auf welchen Betrag haben sich 1994 die Steuereinnahmen von Bund, Ländern und Gemeinden zusammen belaufen?

☐ a) 786 Mrd. DM   ☐ b) 549 Mrd. DM

☐ c) 488 Mrd. DM   ☐ d) 370 Mrd. DM

60 Was versteht man unter GATT?

☐ a) Amerikanische Freihandelszone.

☐ b) Europäische Freihandelszone.

☐ c) Asiatische Freihandelszone

☐ d) Internationale Verhandlungsrunde zum Abbau von Handelsschranken und Zöllen.

56 **Lösung b)**

Die Badische Anilin und Soda-Fabrik AG (BASF), die Farbwerke Hoechst AG und die Farbenfabriken Bayer AG sind die Hauptnachfolgegesellschaften der Interessengemeinschaft Farbenindustrie AG.

Die *Allgemeine Elektrizitäts-Gesellschaft* (AEG) wurde 1883 gegründet.

57 **Lösung d)**

Der Begriff Insolvenz bedeutet die Zahlungsunfähigkeit eines Schuldners beziehungsweise die Überschuldung einer Kapitalgesellschaft. Die Folge von Insolvenz kann eine Vereinbarung zwischen Gläubiger und Schuldner über einen teilweisen Forderungsverzicht der Gläubiger (Vergleich) sein oder ein Konkurs, der ein gerichtliches Verfahren zur Befriedigung der Gläubiger ist.

Der Einzug fälliger Forderungen wird *Inkasso* genannt.

58 **Lösung b)**

Gottlieb Duttweiler (1888–1962) ist Gründer der schweizerischen Einzelhandelskette *Migros* sowie der Tankstellengesellschaft *Migrol*. Duttweiler trug mit seinen Migros-Läden dazu bei, daß die Bevölkerung billig und überall zu den gleichen Preisen einkaufen konnte.

Der Gründer des Chemieunternehmens sowie Putz- und Waschmittelherstellers *Henkel* war Fritz Henkel (1848–1930). Die Firma *Fiat* hat G. Agnelli (1866–1945) gegründet.

59 **Lösung a)**

Die gesamten Steuereinnahmen im Jahr 1994 betrugen 786 Mrd. DM. 1990 waren es 549 Mrd., 1988 488 Mrd. DM. Die Verschuldung von Bund, Ländern und Gemeinden betrug Ende 1994 zusammen 1650 Mrd. DM.

60 **Lösung b)**

GATT steht für »*General Agreement on Tariffs and Trade*«, was soviel heißt wie Allgemeines Zoll- und Handelsabkommen. GATT ist sowohl ein Vertrag als auch eine Institution, um über den Abbau von Zöllen und Handelsschranken zu verhandeln. Die letzte Verhandlungsrunde (sog. Uruguay-Runde) dauerte von 1986 bis 1993.

VII. Sport

Fragen:

---

❶ Was ist ein Monoposto?

☐ **a)** Offener, einsitziger Rennwagen.

☐ **b)** Glasfiberstange für den Stabhochsprung.

☐ **c)** Einsitziger Wagen beim Trabrennen.

☐ **d)** Startblock für Sprinter.

❷ Was ist ein Slick?

☐ **a)** Mit Metallstiften besetzter Reifen beim Speedwayfahren.

☐ **b)** Ein profilloser Rennreifen.

☐ **c)** Eishockeyscheibe.

☐ **d)** Schlittschuhe beim Eisschnellauf.

❸ Seit wann ist Eishockey eine olympische Disziplin?

☐ **a)** 1900.   ☐ **b)** 1936.   ☐ **c)** 1952.   ☐ **d)** 1924.

❹ Wer war Dick Fosbury?

☐ **a)** Gründer der Olympischen Spiele der Neuzeit.

☐ **b)** Goldmedaillengewinner 1984 im 100-Meter-Lauf der Herren in Los Angeles.

☐ **c)** Olympiasieger 1968 im Hochsprung.

☐ **d)** Military-Reiter.

① **Lösung a)**

Das Wort Monoposto stammt aus dem Italienischen und ist der Fachausdruck für einen offenen, einsitzigen Rennwagen, wie er in der Formel I zum Einsatz kommt.

Beim Pferdetrabrennen wird ein Einspänner namens *Sulky* als Gefährt verwendet.

② **Lösung b)**

Unter einem Slick versteht man einen profillosen Rennreifen. Damit die Bodenhaftung möglichst hoch ist, werden die Reifen aus einem besonders weichen Gummigemisch hergestellt und vor dem Renneinsatz in aufgeheizte Decken gewickelt.

Die beim Eis-Speedway auf dem Motorradreifen angebrachten Metallstifte nennt man *Spikes,* während die Vollgummischeibe beim Eishockey *Puck* genannt wird.

③ **Lösung d)**

Eishockey wurde zusammen mit dem Eiskunstlauf 1924 olympische Disziplin.

④ **Lösung c)**

Dick Fosbury, geboren am 6. 3. 1947, war 1968 Olympiasieger im Hochsprung in Mexico. Der Amerikaner erlangte seinen hohen Bekanntheitsgrad durch den sogenannten Fosbury-Flop. Dabei handelt es sich um eine Sprungtechnik, bei der der Springer rückwärts, zuerst mit Schulter und Kopf, die Latte überquert. Heute wird fast ausschließlich diese Technik im Leistungssport angewendet.

Der Gründer der Olympischen Spiele der Neuzeit 1894 in Paris war Baron *Pierre de Coubertin* (1863–1937).

Der Goldmedaillengewinner 1984 im 100-Meter-Lauf der Herren war *Carl Lewis* mit 9,99 Sekunden.

❺ Was ist ein Hattrick?

☐ **a)** Dreifacher Erfolg eines Sportlers in ununterbrochener Reihenfolge.

☐ **b)** Ein Spieler oder Athlet erringt aufgrund eines versteckten Betrugs den Sieg.

☐ **c)** Sprung nach der von John Hattrick begründeten Stabhochsprungtechnik.

☐ **d)** Fallrückzieher beim Fußball.

❻ Was ist ein Rhönrad?

☐ **a)** Antrieb eines Haarföns.   ☐ **b)** Turngerät.

☐ **c)** Dreirad, das sehr häufig in   ☐ **d)** Tourenfahrrad.
der Rhön gefahren wird.

❼ Was ist ein Skeleton?

☐ **a)** Knochengerüst.   ☐ **b)** Sportschlitten.

☐ **c)** Bootskategorie beim Segeln.   ☐ **d)** Ziele beim Skeetschießen.

❽ Wer wurde 1997 Deutscher Fußballmeister?

☐ **a)** Bayern München.   ☐ **b)** VfB Stuttgart.

☐ **c)** Borussia Dortmund.   ☐ **d)** Eintracht Frankfurt.

❾ Was versteht man beim Motorsport unter Homologation?

☐ **a)** Ein vom Internationalen Automobil-Verband festgelegtes Reglement, wonach ein bestimmter Wagentyp in genügender Stückzahl hergestellt sein muß, um in den entsprechenden Gruppen des Motorsports eingestuft zu werden.

☐ **b)** Übereinstimmung von Bauteilen in verschiedenen Motoren.

☐ **c)** Einnahme von leistungssteigernden Substanzen zur unlauteren Wettbewerbsbeeinflussung.

☐ **d)** Begrenzung der zulässigen Kraftstoffmenge in der Formel 1.

(5) **Lösung a)**
Als Hattrick wird der dreifache Erfolg eines Sportlers bezeichnet. Es kann sich dabei, wie im Fußball, um drei erzielte Tore eines Spielers handeln, der diese innerhalb einer Halbzeit in ununterbrochener Reihenfolge erzielt. Im Motorsport redet man von einem Hattrick, wenn ein Rennfahrer drei Siege in ununterbrochener Reihenfolge bei internationalen Rennen erringt.

(6) **Lösung b)**
Das Rhönrad ist ein Turngerät, das aus einem doppelten Eisenreifen mit verschiedenen Stand- und Griffmöglichkeiten besteht. Der Turner stellt sich in das Rad und fährt verschiedene Kunstfiguren damit.

(7) **Lösung b)**
Ein Skeleton ist ein Sportschlitten, der in Bauchlage gesteuert wird.
Das Knochengerüst wird als *Skelett* bezeichnet.
Das *Skeetschießen* ist eine Wettbewerbsform des Wurftaubenschießens (ehemals Tontaubenschießen).

(8) **Lösung a)**
Bayern München wurde 1997 vor Leverkusen Deutscher Fußballmeister, nachdem *Borussia Dortmund* 1995 und 1996 Deutscher Fußballmeister geworden war.

(9) **Lösung a)**
Homologation ist ein vom obersten internationalen Motorsport-Gremium festgelegtes Reglement, wonach von einem Wagentyp eine Mindestanzahl gebaut worden sein muß, um den Wagentyp in den entsprechenden Gruppen des Motorsports einstufen zu können. So müssen beispielsweise bei der Gruppe B (Sportwagen) mindestens 200 Exemplare hergestellt worden sein.

❿ Wie lange darf ein zu Boden geschlagener Boxer liegen bleiben, bevor er k.o. ist?

☐ **a)** Innerhalb von 10 Sekunden nachdem er zu Boden gegangen ist, muß er wieder aufstehen.

☐ **b)** 9 Sekunden.

☐ **c)** Der Boxer muß aufstehen, bevor der Kampfrichter bis 10 gezählt hat.

☐ **d)** Innerhalb von 10 Sekunden muß der Boxer den Oberkörper heben; dies unterbricht das Zählen des Kampfrichters.

⓫ Was ist beim Tennis eine »Longline«?

☐ **a)** Ein hoch angesetzter Ball, mit dem der am Netz stehende Gegner überspielt wird.

☐ **b)** Die Wiederholung eines Balles.

☐ **c)** Ein langer Ball, der, von der Grundlinie abgeschlagen, bis zur gegnerischen Grundlinie fliegt, aber noch vor dem Aus aufsetzt.

☐ **d)** Ein entlang der Seitenlinie geschlagener Ball.

⓬ Wo finden im Jahr 2000 die Olympischen Spiele statt?

☐ **a)** Lillehammer. ☐ **b)** Salt Lake City.

☐ **c)** Atlanta. ☐ **d)** Sydney.

⓭ Wie lange dauert beim Boxen eine Runde?

☐ **a)** 5 Minuten. ☐ **b)** 4 Minuten.

☐ **c)** 3 Minuten, oder bis einer der Gegner zu Boden geht.

☐ **d)** 3 Minuten.

⓮ Wie viele Spieler und Spielerinnen gehören zu einer Wasserballmannschaft?

☐ **a)** Zwölf. ☐ **b)** Sechs.

☐ **c)** Sieben und vier Reservespieler. ☐ **d)** Vier.

⑩ **Lösung c)**
Ein Boxkampf ist aufgrund von K.o. (knockout) entschieden, wenn der Kampfrichter über 9 hinaus zählt und der zu Boden gegangene Boxer sich bis dahin noch nicht wieder in Kampfposition befindet.

⑪ **Lösung d)**
Longline ist der Fachausdruck beim Tennis für einen entlang der Seitenlinie geschlagenen Ball.
Einen hoch angesetzten, weich geschlagenen Ball, mit dem der am Netz stehende Gegner überspielt werden soll, nennt man *Lob*.
Die Wiederholung eines Balles nennt man *Let*.

⑫ **Lösung d)**
Sydney wird der Austragungsort der Olympischen Sommerspiele im Jahre 2000 sein. 1996 fanden die Sommerspiele in *Atlanta* (USA) statt. Die Olympischen Winterspiele wurden 1994 in *Lillehammer* (Norwegen) ausgetragen.

⑬ **Lösung d)**
Beim Boxkampf dauert eine Runde 3 Minuten. Insgesamt wird zwischen 4 bis 15 Runden geboxt mit jeweils einer Minute Pause zwischen jeweils zwei Runden.

⑭ **Lösung c)**
Zu einer Wasserballmannschaft gehören 11 Spieler, 7 Spieler sind dabei immer gleichzeitig im Wasser, 4 Ersatzspieler stehen zur Verfügung. Der 400 bis 450 g schwere Gummiball darf nicht unter Wasser gespielt und nur vom Torhüter gefaustet werden.

15 Wo fand die erste Fußballweltmeisterschaft statt?

☐ **a)** Uruguay.   ☐ **b)** Italien.

☐ **c)** Großbritannien.   ☐ **d)** Schweiz.

16 Was versteht man unter einem Grand Slam beim Tennis?

☐ **a)** Eine Person gewinnt im gleichen Jahr die internationalen Meisterschaften von Australien, USA, England und Frankreich.

☐ **b)** Das Erzielen eines Punktes direkt durch den Aufschlag.

☐ **c)** Die Nummer 1 der Tennis-Weltrangliste.

☐ **d)** Den Satz- und Spielball.

17 Womit ist ein Medizinball gefüllt?

☐ **a)** Sand.   ☐ **b)** Wildhaare.

☐ **c)** Sägemehl.   ☐ **d)** Schafwolle.

18 In welcher Sportart findet die O'Brien-Technik Anerkennung?

☐ **a)** Skispringen.   ☐ **b)** Hochsprung.

☐ **c)** Diskuswerfen.   ☐ **d)** Kugelstoßen.

19 Was ist bei einem Volleyballspiel unverzichtbar?

☐ **a)** Zuschauer.   ☐ **b)** Schiedsrichter.

☐ **c)** Sieg.   ☐ **d)** Gegnerische Mannschaft.

20 Wie viele Hürden hat eine 400-Meter-Hürdenlauf-Strecke?

☐ **a)** Zwanzig. ☐ **b)** Fünfzehn. ☐ **c)** Zehn.   ☐ **d)** Fünf.

⑮ Lösung a)

Seit 1930 werden Fußballweltmeisterschaften in einem Vier-Jahre-Turnus ausgerichtet. Die erste WM fand in Uruguay statt. Bis 1970 war die Trophäe der siegreichen Mannschaft der »Coupe Jules Rimet«. Seit 1974 gibt es eine von der FIFA gestellte Goldtrophäe.

⑯ Lösung a)

Der Grand Slam bezeichnet den Gewinn der internationalen Meisterschaften von USA, Australien, Frankreich und England in einem Jahr durch eine Person.
Der Aufschlag, der nicht vom Gegner pariert werden kann und direkt zum Punktgewinn führt, wird als *As* bezeichnet.

⑰ Lösung b)

Ein Medizinball mit einem Gewicht von bis zu 3 kg ist mit Wildhaaren gefüllt.

⑱ Lösung d)

Die nach dem amerikanischen Kugelstoßer O'Brien genannte Technik ist die heute gängigste Stoßtechnik. Der Sportler steht zuerst mit dem Rücken zur Stoßrichtung und stößt dann die Kugel mit einer Drehbewegung.

⑲ Lösung d)

Bei jedem Spiel benötigt man eine gegnerische Mannschaft. Der Schiedsrichter ist weit weniger wichtig.

⑳ Lösung c)

Eine 400-Meter-Strecke für den Hürdenlauf ist mit 10 Hürden bestückt.

21 Was ist das Indy-500?

☐ **a)** Klasse im Motorradsport.

☐ **b)** Segelboot.

☐ **c)** Amerikanisches Automobilrennen.

☐ **d)** Surfbrett.

22 Was sind Oxer?

☐ **a)** Zuchttiere für den Stierkampf.

☐ **b)** Hindernisse beim Springreiten.

☐ **c)** Gerät im Kunstturnen.

☐ **d)** Eishockey-Schläger.

23 Wie wird ein Läufer oder eine Läuferin für das Reißen einer Hürde bestraft?

☐ **a)** Pro gerissener Hürde mit 1,46 Strafsekunden.

☐ **b)** Durch Disqualifikation.

☐ **c)** Durch jeweils einen Strafpunkt.

☐ **d)** Gar nicht.

24 Wie lang ist die Marathonstrecke?

☐ **a)** 51,23 km   ☐ **b)** 42,195 km

☐ **c)** 46,375 km   ☐ **d)** 49,65 km

25 Welcher Sportler wurde 1960 Olympiasieger im 100-Meter-Lauf?

☐ **a)** Armin Hary.   ☐ **b)** Carl Lewis.

☐ **c)** Jesse Owens.   ☐ **d)** Ben Johnson.

㉑ Lösung c)

Das Indy-500 bezeichnet das 500-Meilen-Rennen von Indianapolis in den USA. Diese populärste Rennveranstaltung in den USA wird seit 1911 auf einem Rundkurs von 4,2 km Länge über 200 Runden ausgetragen. Neben dem 500-Meilen-Rennen von Indianapolis finden noch eine Reihe weiterer Rennen in der Klasse »Indy/Cart« in den USA statt, die eine Konkurrenz zur Formel I darstellt.

㉒ Lösung b)

Oxer sind Hindernisse bei der Springprüfung im Reitsport. Je nach Schwierigkeitsgrad kann es sich dabei um Einzelhindernisse oder ganze Kombinationen von Hindernissen handeln, wie dem Doppeloxer.

㉓ Lösung d)

Bei einem Hürdenlauf darf der Sportler beim Überlaufen der Hürden alle reißen, ohne dafür mit Strafen belegt zu werden.

㉔ Lösung b)

Der Marathonlauf ist seit 1896 olympische Disziplin und hat eine Länge von 42,195 km. Dies ist die Strecke zwischen dem griechischen Ort Marathon und Athen. Der Legende nach wurde diese Strecke 490 v. Chr. von einem Läufer zurückgelegt, um die Siegesnachricht der gewonnenen Schlacht über die Perser nach Athen zu bringen.

㉕ Lösung a)

Bei den Olympischen Sommerspielen 1960 in Rom siegte Armin Hary bei dem 100-Meter-Lauf der Herren.
Carl Lewis war Erster beim 100-Meter-Lauf mit 9,99 Sekunden 1984 in Los Angeles, *Ben Johnson* aus Kanada gewann Bronze mit 10,22 Sekunden.
Jesse Owens gewann bei den Olympischen Sommerspielen 1936 in Berlin den 100-Meter-Lauf.

❷❻ Bei welcher Fechtart ist der gesamte Körper Trefffläche?

☐ **a)** Florett.   ☐ **b)** Degen.   ☐ **c)** Säbel.   ☐ **d)** Krummsäbel.

❷❼ Welches Mindestalter muß der Prüfling bei der Segelflug-zeug-Prüfung haben?

☐ **a)** 18 Jahre.   ☐ **b)** 21 Jahre.   ☐ **c)** 16 Jahre.   ☐ **d)** 17 Jahre.

❷❽ Welche der folgenden Sportarten gehört nicht zum Triathlon?

☐ **a)** Schwimmen.   ☐ **b)** Radfahren.

☐ **c)** Riesenslalom.   ☐ **d)** Abfahrtslauf.

❷❾ Wer gewann 1997 die All England Championships in Wimbledon im Damen-Einzel?

☐ **a)** Chris Evert-Lloyd.   ☐ **b)** Helena Sukova.

☐ **c)** Steffi Graf.   ☐ **d)** Martina Hingis.

❸⓿ Von wem wurde der Mount Everest zum ersten Mal bestiegen?

☐ **a)** Reinhold Messner.   ☐ **b)** Edmund P. Hillary.

☐ **c)** Luis Trenker.   ☐ **d)** Compagnoni und Lacedelli.

❸❶ Was ist ein Skuller?

☐ **a)** Ein Sternschritt beim Basketball.

☐ **b)** Ein luftgefüllter Lederball, der zu Trainingszwecken beim Boxen in Augenhöhe aufgehängt wird.

☐ **c)** Ein Rugby-Tor.

☐ **d)** Ein Ruderer, der in einem Doppelachter, Doppelvierer, Doppelzweier oder einem Einer rudert.

(26) **Lösung b)**

Beim Degenfechten ist der gesamte Körper Trefffläche, während bei Florett und Säbel nur der Rumpf als Trefffläche ausgewiesen ist.

Der Unterschied zwischen Florett- und Säbelfechten ist neben der unterschiedlichen Waffenart die Art, wie man Treffer erzielen darf; beim Florett nur durch Stiche, beim Säbel durch Stiche und Hiebe.

(27) **Lösung d)**

Um selbstverantwortlich ein Segelflugzeug führen zu dürfen, muß man mindestens 17 Jahre alt sein. Die Ausbildung kann man jedoch bereits mit 14 Jahren beginnen.

Um einen *Drachen* fliegen zu dürfen, muß man mindestens 16 Jahre alt sein.

Einen *Privatpilotenschein* erhält man erst mit 18 Jahren.

(28) **Lösung d)**

Der Triathlon im Skisport besteht aus dem Riesenslalom, Schießen und 15 Kilometer Langlauf. Der Triathlon in der Leichtathletik besteht aus Schwimmen, Radfahren und Laufen.

(29) **Lösung d)**

Die Schweizerin Martina Hingis gewann 1997 die Tennismeisterschaften in Wimbledon, nachdem 1996 zum siebtenmal *Steffi Graf* das Turnier für sich entschieden hatte.

(30) **Lösung b)**

Der Mount Everest wurde im Jahre 1953 erstmals durch den Neuseeländer Hillary bestiegen.

Reinhold Messner und *Peter Habeler* bestiegen den Berg 1978 erstmals ohne Sauerstoff.

Compagnoni und *Lacedelli* gelang 1954 erstmals die Besteigung des K2.

(31) **Lösung d)**

Als Skuller bezeichnet man die Ruderer im Boot.

Der Sternschritt beim Basketball heißt *Pirot*.

Der Lederball zum Boxtraining heißt *Punching Ball* und das Rugby-Tor nennt man *Mal*.

32 Welches ist das größte Fußballstadion der Welt?

☐ **a)** Das Maracaña-Stadion in Rio de Janeiro.

☐ **b)** Das Aztekenstadion in Mexiko City.

☐ **c)** Das Heysel-Stadion in Brüssel.

☐ **d)** Das Pacaembu-Stadion in Saõ Paulo.

33 Welches durchschnittliche Gewicht hat ein Fußball?

☐ **a)** 396–453 g   ☐ **b)** 178–192 g

☐ **c)** 512–534 g   ☐ **d)** 574–593 g

34 Wer war der erste Fußball-Europameister?

☐ **a)** Uruguay.   ☐ **b)** UdSSR.

☐ **c)** Schweiz.   ☐ **d)** Brasilien.

35 Was versteht man unter Lift?

☐ **a)** Go-Kart-Sport, der aus den USA kommt.

☐ **b)** Die Berührung des Balls mit einem Körperteil.

☐ **c)** Profilloser Rennreifen.

☐ **d)** Schlag mit Vorwärtsdrall.

36 Was ist die Fédération Equestre Internationale?

☐ **a)** Internationaler Fußballverband.

☐ **b)** Internationaler Dachverband des Reitsports.

☐ **c)** Internationaler Ringerverband.

☐ **d)** Internationaler Fechterverband.

㉜ **Lösung a)**
Das größte Fußballstadion der Welt ist das Maracaña-Stadion in Rio de Janeiro mit 180 000 Plätzen.
Das 1964 eröffnete *Aztekenstadion* in Mexico City hat 111 000 Zuschauerplätze.

㉝ **Lösung a)**
Ein Fußball hat einen Umfang von 68–71 cm und ein Gewicht von 396–453 g.

㉞ **Lösung b)**
1960 war die erste Fußball-Europameisterschaft, damals noch unter dem Titel »Europapokal der Nationen«, deren Sieger die UdSSR wurde. Sie gewann das Endspiel gegen Jugoslawien.

㉟ **Lösung d)**
Lift ist beim Tennis ein Schlag mit Vorwärtsdrall.
Der ursprünglich aus den USA stammende Go-Kart-Sport wird *Karting* genannt.
Die Berührung des Balls mit einem Körperteil bei Tennis und Tischtennis wird *Touch* genannt und führt zu einem Fehlerpunkt.
Der profillose Rennreifen wird *Slick* genannt.

㊱ **Lösung b)**
Fédération Equestre Internationale (FEI) ist der internationale Reiterverband mit Sitz in Bern.
Der internationale Fußballverband mit Sitz in Zürich ist die *Fédération Internationale de Football Association* (FIFA).
Der internationale Ringerverband in Lausanne heißt *Fédération Internationale de Lutte Amateur* (FILA).
Die *Fédération Internationale d'Escrime* (FIE) ist der internationale Fechtsportverband mit Sitz Paris.

37 Was versteht man unter der »Todesspirale«?

☐ **a)** Figur beim Kunstflug.

☐ **b)** Paarlauf-Figur im Eiskunstlauf.

☐ **c)** Sprung am Trapez ohne Netz.

☐ **d)** Sprungfigur vom 10-Meter-Turm.

38 Befindet sich das Volksparkstadion in

☐ **a)** Karlsruhe.

☐ **b)** Stuttgart.

☐ **c)** Hamburg.

☐ **d)** Frankfurt.

39 Seit wann gibt es Olympische Winterspiele?

☐ **a)** 1972. ☐ **b)** 1906. ☐ **c)** 1932. ☐ **d)** 1924.

40 Wie hoch hängt ein Basketballkorb?

☐ **a)** 2,14 m ☐ **b)** 2,44 m ☐ **c)** 3,05 m ☐ **d)** 3,66 m

41 Wie heißt beim Handball die Linie, die halbkreisförmig vor dem Tor verläuft?

☐ **a)** Strafraum. ☐ **b)** 7-Meter-Raum.

☐ **c)** Freiwurf-Linie. ☐ **d)** Torraum-Linie.

42 Wie viele Runden hat normalerweise ein Amateurbox-kampf?

☐ **a)** Fünfzehn.

☐ **b)** Drei.

☐ **c)** Ist nicht limitiert.

☐ **d)** Zwei.

③⑦ Lösung b)

Als »Todesspirale« bezeichnet man eine Paarlauf-Figur im Eiskunstlauf, bei der die Partnerin fast horizontal zur Lauffläche auf einem Bein um die Achse des Partners bewegt wird.

③⑧ Lösung c)

Das Volksparkstadion ist das Heimstadion des Hamburger Sportvereins. Das *Waldstadion* ist in Frankfurt. Der VfB Stuttgart trägt seine Heimspiele im *Gottlieb-Daimler-Stadion* aus.

③⑨ Lösung d)

1924 fanden die ersten Olympischen Winterspiele in Chamonix statt.
Die ersten Olympischen Winterspiele in Asien fanden 1972 in Sapporo statt.

④⓪ Lösung c)

Ein Basketballkorb ist 3,05 m über dem Boden aufgehängt.
Ein *Hockey-Tor* ist 2,14 m hoch und 3,66 m breit.
Die Höhe des *Fußball-Tores* beträgt 2,44 m.

④① Lösung d)

Die Torraum-Linie läuft halbkreisförmig um das Handball-Tor. Dieser Raum darf nur vom eigenen Tormann betreten werden.
Freiwürfe werden von der parallel zur Torraum-Linie verlaufenden *Freiwurf-Linie* ausgeführt.

④② Lösung b)

Ein Amateurboxkampf geht in der Regel über eine Länge von drei Runden à drei Minuten, wobei zwischen den Runden jeweils eine Minute Pause vorgesehen ist.
Profikämpfe können bis zu fünfzehn Runden dauern. Ein Boxkampf kann außer nach Ablauf der regulären Kampfzeit auch durch K.o. oder technischen K.o. beendet werden, wenn der Ringrichter den Kampf abbricht, um ernsthafte Gefahren zu vermeiden.

43 Bis zu wieviel Kilogramm geht beim Amateurboxen das Fliegengewicht?

☐ **a)** Bis zu 51 kg.   ☐ **b)** Bis zu 60 kg.

☐ **c)** Bis zu 75 kg.   ☐ **d)** Bis zu 81 kg.

44 Wo hat der Deutsche Sportbund seinen Sitz?

☐ **a)** Bonn.   ☐ **b)** West-Berlin.

☐ **c)** Wiesbaden.   ☐ **d)** Frankfurt.

45 Welche Sportarten gehören zum Triathlon?

☐ **a)** Skilanglauf und Skispringen.

☐ **b)** Schwimmen, Radfahren und Laufen.

☐ **c)** Schießen, Schwimmen, Fechten.

☐ **d)** Reiten, Schießen, Schwimmen, Laufen, Fechten.

46 Welche Farbe hat beim Bogenschießen die innerste Zone der Zielscheibe?

☐ **a)** Gold.   ☐ **b)** Rot.   ☐ **c)** Schwarz.   ☐ **d)** Weiß.

47 Welche Art von Ski werden hier angeschnallt?

☐ **a)** Trickski.

☐ **b)** Sprungski.

☐ **c)** Langlaufski.

☐ **d)** Abfahrtski.

43 **Lösung a)**

Das Fliegengewicht beim Amateurboxen geht bis zu 51 kg.
Bis 60 kg kämpft man in der *Leichtgewicht*-Klasse, in der
Mittelgewicht-Klasse bis 75 kg und bis 81 kg in der *Halb-
schwergewicht*-Klasse.

44 **Lösung b)**

Der Deutsche Sportbund (DSB), der die Dachorganisation
für die Sportfachverbände und Landessportbünde in der
Bundesrepublik ist, hat seinen Sitz in Berlin.
Die Verwaltung ist in Frankfurt.

45 **Lösung b)**

Der Triathlon besteht aus den drei Disziplinen: Schwimmen,
Radfahren und Laufen.
Unter dem Begriff *Nordische Kombination* werden Ski-
langlauf und Skispringen zusammengefaßt.
Der moderne *Fünfkampf* besteht aus den Disziplinen: Reiten,
Schießen, Schwimmen, Laufen und Fechten.

46 **Lösung a)**

Die innerste Zone der Zielscheibe beim Bogenschießen hat
die Farbe Gold.

47 **Lösung c)**

Es handelt sich bei der Abbildung um einen Langlaufski. Gekennzeichnet ist er durch die stark aufgebogene Schaufel und
durch die geringe Breite.

48 Wer hat das Springpferd »Halla« geritten?

☐ **a)** Rainer Klimke.

☐ **b)** Hans Günter Winkler.

☐ **c)** Joseph Neckermann.

☐ **d)** Paul Schockemöhle.

49 In welcher Sportart wurde Arantes do Nascimento welt-bekannt?

☐ **a)** Eiskunstlauf.

☐ **b)** Boxen.

☐ **c)** Schwimmen.

☐ **d)** Fußball.

50 Wie nennt man den Spielstock beim Billard?

☐ **a)** Dolch.

☐ **b)** Bat.

☐ **c)** Putter.

☐ **d)** Queue.

51 Wie viele Figuren hat jeder Schachspieler bei Beginn des Spiels?

☐ **a)** Vierzehn.

☐ **b)** Sechzehn.

☐ **c)** Achtzehn.

☐ **d)** Zwanzig.

48 **Lösung b)**

Hans Günter Winkler, mehrfacher Olympiasieger und Weltmeister, errang viele seiner Siege mit der Stute Halla.

Joseph Neckermann, lange Zeit Vorsitzender der Deutschen Sporthilfe, hat zwei olympische Goldmedaillen im Mannschafts-Dressurreiten sowie Welt- und Europameistertitel gewonnen.

Paul Schockemöhle und auch sein Bruder *Alwin* sind Springreiter, die es beide zu Olympiamedaillen gebracht haben.

Das Pferd des Dressurreiters *Rainer Klimke* heißt Alerich.

49 **Lösung d)**

Der brasilianische Fußballspieler Pelé heißt eigentlich Arantes do Nascimento. Bei den Fußball-Weltmeisterschaften 1958, 1962 und 1970 spielte er für das brasilianische Team.

50 **Lösung d)**

Der Spielstock beim Billard wird Queue (sprich: Kö) genannt. Es handelt sich dabei um einen kegelförmigen Stab, der mit einer Lederkuppe versehen ist.

Bat nennt man die Schlagkeule beim Cricket.

Der beim Golfspiel zum Einlochen verwendete Schläger heißt *Putter.*

51 **Lösung b)**

Das Schachspiel beginnt mit jeweils 16 Figuren. In der hinteren Reihe stehen jeweils ganz außen die Türme. Nach innen schließen sich die Pferde an. Es folgen die Läufer sowie ein König und eine Dame. In der Reihe davor stehen acht Bauern.

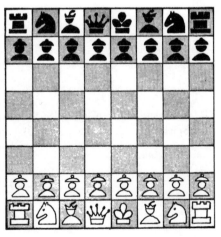

52 Wer gewann 1997 die Weltmeisterschaft in der Formel 1?

☐ **a)** Hill.   ☐ **b)** Villeneuve.

☐ **c)** Schumacher.   ☐ **d)** Berger.

53 In welcher Stadt ist die »Spanische Reitschule«?

☐ **a)** Granada.   ☐ **b)** Sevilla.   ☐ **c)** Rom.   ☐ **d)** Wien.

54 Mit wie vielen Ruderern sind an Wettkämpfen teilnehmende Ruderboote maximal besetzt?

☐ **a)** 8 Ruderer.   ☐ **b)** 6 Ruderer.

☐ **c)** 12 Ruderer.   ☐ **d)** 9 Ruderer.

55 Wie oft darf eine Volleyballmannschaft den Ball hintereinander höchstens berühren?

☐ **a)** Nur einmal.   ☐ **b)** Zweimal.

☐ **c)** Dreimal.   ☐ **d)** Unbegrenzt, solange der Ball nicht den Boden berührt.

56 Was ist eine Riposte?

☐ **a)** Figur der »Hohen Schule« im Reitsport.

☐ **b)** Wettrennen auf dem Wasser.

☐ **c)** Unmittelbarer Gegenstoß nach der Abwehr beim Fechten.

☐ **d)** Turnfigur am Stufenbarren.

57 Zu welcher Sportart gehört das Eisrennen?

☐ **a)** Eisschnellauf.

☐ **b)** Bobfahren.

☐ **c)** Biathlon.

☐ **d)** Motorradsport.

(52) **Lösung b)**

Jacques Villeneuve gewann 1997 vor *Michael Schumacher* die Weltmeisterschaft, die erst im letzten Rennen der Saison entschieden wurde. Nachdem *Michael Schumacher* 1994 und 1995 gewonnen hatte, siegte 1996 der Engländer *Hill*.

(53) **Lösung d)**

1572 wurde in Wien die »Spanische Reitschule« als »Spainischer Reithstall« gegründet. Der Name stammt von der ursprünglich aus Spanien stammenden Pferderasse. In Wien werden Pferd und Reiter in der »Hohen Schule«, einem Programm mit höchsten Anforderungen, ausgebildet.

(54) **Lösung a)**

Der »Achter« ist der Ruderwettbewerb mit der größten Zahl an Ruderern. Das Boot ist dabei mit 8 Ruderern sowie einem Steuermann, der nicht mitrudert, besetzt.

(55) **Lösung c)**

Beim Volleyballspiel darf eine Mannschaft höchstens dreimal den Ball hintereinander berühren. Dann muß der Ball über das Netz gespielt werden oder zumindest vom Gegner berührt werden. Unabhängig davon darf der Ball nicht den Boden berühren, da dies sonst zu einem Punkt für die Gegenmannschaft führt.

(56) **Lösung c)**

Als Riposte bezeichnet man den unmittelbaren Gegenstoß nach der Abwehr eines Angriffes beim Fechten.
Eine *Regatta* ist ein Wettrennen auf dem Wasser.
Die *Passage* ist eine Figur der »Hohen Schule« im Reitsport.

(57) **Lösung d)**

Das Eisrennen, auch Eis-Speedway genannt, ist eine Disziplin im Motorradsport. Das Rennen findet in der Regel auf einer 400-Meter-Bahn statt, wobei die Motorradreifen mit 120 Spikes von 28 mm Länge besetzt sind.

58 Wo befindet sich das Skigebiet »Holmenkollen«?

□ **a)** Bei Helsinki.

□ **b)** Bei Stockholm.

□ **c)** Bei Oslo.

□ **d)** Bei Bergen.

59 Was ist ein Spinnacker?

□ **a)** Großes Vorsegel.

□ **b)** Leine zum Einstellen eines Segels.

□ **c)** Knotenform, mit der beim Segelsport zwei Leinen zusammengebunden werden.

□ **d)** Boot mit zwei Rümpfen.

60 Was versteht man unter Lagenschwimmen?

□ **a)** Schwimmwettbewerb, bei dem der Schwimmstil frei gewählt werden darf.

□ **b)** Figur im Synchronschwimmen.

□ **c)** Staffelwettbewerb im Schwimmsport.

□ **d)** Schwimmwettbewerb, bei dem die Gesamtdistanz je zu einem Viertel in den vier Stilarten Delphin-, Rücken-, Brust- und Kraulschwimmen zurückgelegt werden muß.

(58) **Lösung c)**

Das Skigebiet »Holmenkollen« mit seiner weltbekannten Skisprungschanze liegt nördlich von Oslo (Norwegen). Seit 1883 finden hier jährlich Skiwettkämpfe statt.

(59) **Lösung a)**

Ein großes Vorsegel beim Boot nennt man Spinnacker. Dieses Segel wird gesetzt, wenn der Wind das Boot von hinten anbläst. Der Spinnacker ist bauchig geschnitten.

Leinen, mit der Segel, auch der Spinnacker, eingestellt werden, nennt man *Schote*.

Die unterschiedlichsten Arten von Knoten zum Verknüpfen zweier Leinenenden nennt man *Stek*.

Katamaran werden Boote mit zwei Rümpfen genannt.

(60) **Lösung d)**

Das Lagenschwimmen ist eine Schwimmdisziplin, bei der die vier Schwimmstile Delphin-, Rücken-, Brust- und Kraulschwimmen hintereinander zum Einsatz kommen. Es ist damit eine Vielseitigkeitsdisziplin. Bei der Viermal-100-Meter-Lagenstaffel wird jeder Schwimmstil von einem anderen Schwimmer zurückgelegt, der auf die jeweilige Disziplin spezialisiert ist.